영어강사, 통번역가도 충격받은
소장가치 1억 영어실수 컬렉션

사용빈도 1억
영어실수 백신

사용빈도 1억 영어실수 백신

지은이 마스터유진
초판 1쇄 발행 2017년 10월 19일
초판 8쇄 발행 2024년 12월 30일

발행인 박효상　**편집장** 김현　**기획・편집** 장경희, 이한경　**디자인** 임정현
본문디자인 장수정　**표지디자인** 싱타디자인 고희선
마케팅 이태호, 이전희　**관리** 김태옥

종이 월드페이퍼　　**인쇄・제본** 예림인쇄・바인딩

출판등록 제10-1835호　　**발행처** 사람in　　**주소** 04034 서울시 마포구 양화로 11길 14-10 (서교동) 3F
전화 02) 338-3555(代)　　**팩스** 02) 338-3545　　E-mail saramin@netsgo.com
Website www.saramin.com

책값은 뒤표지에 있습니다.
파본은 바꾸어 드립니다.

ⓒ 마스터유진 2017

ISBN
978-89-6049-646-0 14740
978-89-6049-629-3 (세트)

우아한 지적만보, 기민한 실사구시　사람in

프롤로그

오랫동안 믿고 사용했는데 틀려도 이렇게 틀릴 수가 없는 영어 실수.
문법적으로 틀린 건 아닌데도 여전히 어색함이 충만한 콩글리시.
인터넷에 흘러 다니는 근거 없는 자료와 책임감 없는 가르침으로부터
뼈 아프게 배신당한 여러분.

[사용빈도 1억 영어실수 백신]은

> 1. 저자의 십수 년에 걸친 미국 현지 경험
> 2. 수만 명의 오프라인 학생들을 가르친 강의력과 전문성
> 3. 20만+ 팔로워들의 끊임없는 실시간 피드백

을 통해 검증된 책입니다. 믿고 사용하셔도 됩니다.

얼핏 보면 잘난 체,
하지만 진짜 의도는 <u>여러분을 안심시켜 드리기 위한 저의 작은 노력</u>으로
이 책을 시작합니다.

미국에서 십수 년을 보낸 후 2009년 한국으로 귀국한 이래
저는 TV 방송, 오프라인 및 온라인 강의, 그리고 계속되는 집필 활동 등 다양한
매체를 통해 순도 100%의 영어를 최대한 많은 분들께 전파하려 노력해 왔습니다.
그리고 그 노력은 여전히 현재진행형입니다.

그 중 이 책이 세상에 나오는 데 가장 기여한 것은
바로 수만 명의 학생 한 명 한 명과 직접 소통할 수 있게 해 준
<u>오프라인 강의</u>가 아닐까 생각이 듭니다.

마유영어 사용빈도 1억 영어실수 백신

아무리 학생 수가 늘어나도
저는 절대로 학생들과 소통의 끈을 놓지 않았습니다. 맹세코, 단 한 명도요.
학생들에 의한 <u>순수 데이터</u> 그리고 그들에게 돌아가는 <u>교정 피드백</u>은
직접적인 대화 형태 외에 끊임없는 1:1 형식의 첨삭과 조언으로 이뤄집니다.

학생들이 일반적으로 어떤 곳에서 가장 많이 실수를 하는지,
왜 그런 실수를 하게 되는지,
어떻게 하면 그것을 쉽게 교정해 줄 수 있는지,
끝없는 연구와 원어민들과의 깊이 있는 토론으로 제조된 백신.
그것을 바로 [사용빈도 1억 영어실수 백신]이라 부릅니다.

저는 돈벌이를 위해 급급하게 영어책을 쓰는 사람이 아닙니다.
깊은 경험과 책임감이 결여된 상태로 책을 쓰는 것은
집필이 아니라 생산이란 생각이 드네요.

더 이상 여러분의 입에서
"나이쓰 투 미츄 어게인!"이 나오는 실수가 없도록
전문성과 경험을 기반으로 심혈을 기울여 만들었습니다.

마유영어 마스터유진 드림

My love goes out to:
사랑하는 나의 어머니.
최고의 마유영어 크루, 조교들, 학생들.
그밖에 출판에 도움을 주신 모든 분들.
I couldn't have done this without you.
Thank you all for your unconditional love and support.

책의 내용을 200% 빠르고 진하게 흡수하는 팁:

#사용빈도 1억 영어실수 백신

각 백신은 최대한 품사 위주로 배치되어 있습니다.

> 경고 : 교정 후 문장을 눈으로만 읽고 끝내버리면,
> 똑같은 실수를 100% 반복하게 됩니다.
> 1. 스스로 응용 문장을 만들고, 만들고, 또 만들 것.
> 2. 응용 문장을 큰 목소리로 + 실감나게 + 반복하여 낭독할 것.
> 3. 주위 사람에게 가르쳐 줄 것. (효과 50,000%를 자랑하는 최고의 방법)

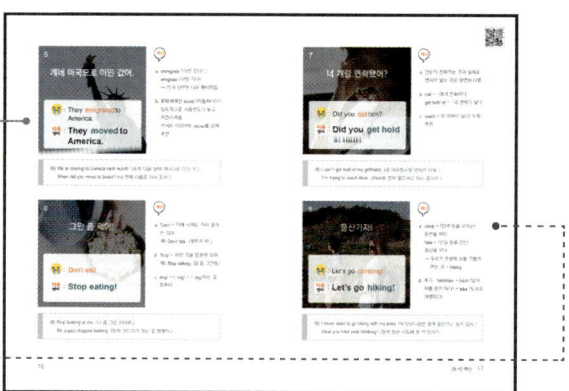

#백신

교정에 사용된 백신이
사용 예, 뉘앙스, 어휘, 문법, 응용 예시 등과 함께 소개됩니다.
무작정 하는 **암기**보다는 교정 후 문장에 녹아 들어간
어휘와 문법 구조를 **이해**하는 것이 중요합니다.
응용 문장을 직접 만들어 보고 입으로 영작해 보는 사이에
해당 백신은 외우기 싫어도 외워집니다.

마유영어 사용빈도 1억 영어실수 백신

#응용만이 살길

백신이 완벽히 제 기능을 발휘했는지 테스트해 보는 단계로써
응용 문장들이 무작위로 주어집니다.
단어가 바뀌어도 말할 수 있다면
해당 백신을 완벽히 소화한 것으로 인정합니다.

#보너스

충격의 콩글리시 영어 발음 교정과 암기할 가치가 충분히 있는
최강 표현 모음이 추가로 구성되어 있습니다.
더 넣지 못해 아쉬울 뿐입니다.

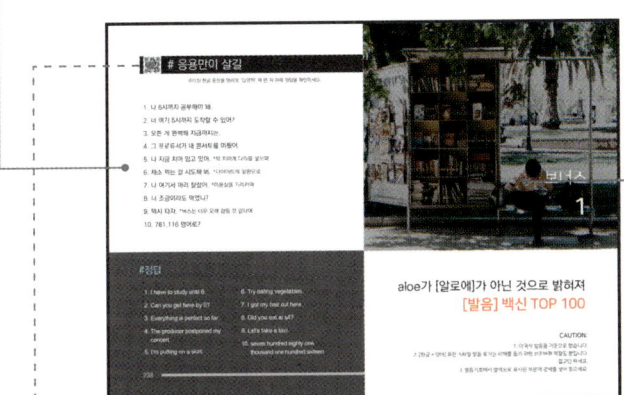

#QR코드

책 페이지에 QR코드가 보인다면
무조건 스마트폰을 가져다 대고 원어민 발음으로 직접 확인하세요.
실수 방지 백신을 숙지하는 것, 중요합니다.
하지만, 정확한 발음과 억양으로 말하는 것 역시 중요합니다.
가만히 있어도 귀에 파일이 들리는 듯한 환청 현상이 나타날 때까지
무한대로 듣고 따라 하시길 권합니다.

목차

1. 동사 백신

동사 백신 1-20	13
응용만이 살길	24
동사 백신 21-40	25
응용만이 살길	36
동사 백신 41-60	37
응용만이 살길	48
동사 백신 61-80	49
응용만이 살길	60

2. 형용사/부사 백신

형용사/부사 백신 1-20	63
응용만이 살길	74
형용사/부사 백신 21-40	75
응용만이 살길	86
형용사/부사 백신 41-60	87
응용만이 살길	98
형용사/부사 백신 61-80	99
응용만이 살길	110

3. 명사 백신

명사 백신 1-20	113
응용만이 살길	124
명사 백신 21-40	125
응용만이 살길	136
명사 백신 41-60	137
응용만이 살길	148
명사 백신 61-80	149
응용만이 살길	160

4. 전치사/관사/기타 백신

전치사/관사/기타 백신 1-20	163
응용만이 살길	174
전치사/관사/기타 백신 21-40	175
응용만이 살길	186
전치사/관사/기타 백신 41-60	187
응용만이 살길	198
전치사/관사/기타 백신 61-80	199
응용만이 살길	210

5. 표기/서식 백신

표기/서식 백신 1-20　　　　　　　　213
응용만이 살길　　　　　　　　　　224

6. 한 장을 다 쓸 만큼 시급한 백신 TOP 10

한 장을 다 쓸 만큼 시급한 백신 TOP 10　　227
응용만이 살길　　　　　　　　　　238

보너스 1

속보 : aloe가 [알로에]가 아닌 것으로 밝혀져　　239
　　발음 백신 TOP 100

보너스 2

이게 영어로 가능한가 싶은 문장 TOP 99　　261

따끔한 고통 없이
수모 방지 창피 예방의 강력한 효과

1 [동사] 백신

몇 개나 맞는지 먼저 입영작해 보세요. ※ 충격과 공포 주의

너 그 소식 들었어?

그만 좀 먹어!

등산가자!

나 수업 듣고 있어!

나 팔 부러졌어!

여기 눕지 마!

내 차에서 오바이트하지 마!

너 방귀 뀌었어?

너 이거 복사했어?

나 Daniel 두들겨 패버렸어.

[동사] 백신

1 → 20

Nice to meet you again!
다시 만나 반가워요!

"이게 틀려요?"
틀려요. 왜냐하면…

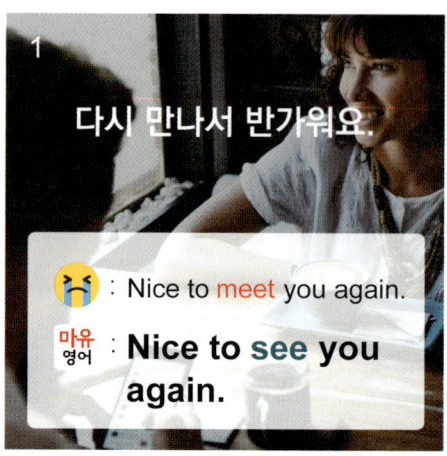

a. Nice to meet you.
   = 만나서 반가워요.
   → 대개 첫 만남에서 사용. 따라서, 뒤에 again이 오면 어색해짐.

b. Nice to see you.
   = 만나서 반가워요.
   → 전에 본 적이 있을 때 사용. 따라서, 뒤에 again이 와도 자연스러움.

예) Nice to meet you. (처음 뵙네요. 반가워요.)
　　Nice to see you again. It's been a year, right? (다시 봐서 반갑다. 1년만이지, 응?)

a. make fun of
   = ~를 (짓궂게) 놀리다
   → 약점/인신공격 등으로 기분 나빠질 정도임.
   예) 원래 방귀 냄새가 진한 친구에게 "너 무슨 병 있냐?"

b. tease = ~를 (가볍게) 놀리다
   → 농담처럼 가볍게 기분 나빠질 정도는 아님.
   예) 간만에 화장한 친구에게 "오~ 오늘 좀 예쁜데?"

예) Danny made fun of my name. (Danny가 내 이름 갖고 놀렸어.)
　　You're teasing me again. (자기 나 또 놀리네.)

a. marry 자체에 '~와'의 의미가 포함되어 with가 필요 없음.
  예) Marry with me. (×)
  　　Marry me. (○)

b. with를 쓰면 우리말의 '동해 바다'처럼 중복 표현이 되어 틀림.

예) I married a model. (나 모델이랑 결혼했어.)
　　Why did you marry him? (너 왜 걔랑 결혼했어?)

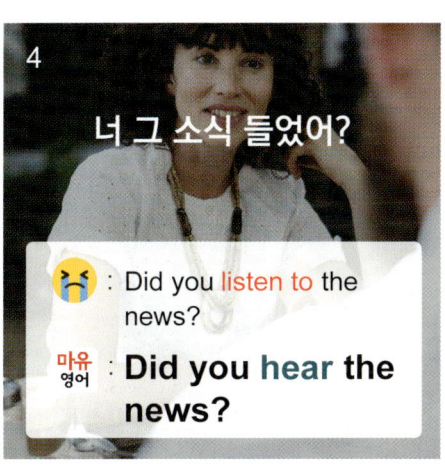

a. listen to = ~를 (적극적/의도적으로) 듣다
  hear = ~를 (수동적으로/의도치 않게) 듣다 → 들리다

b. 이어폰을 꽂고 의도적으로 노래를 들으면 listen to music, 길 가다 의도치 않게 노래가 들리면 hear music.

예) I was listening to Jay-Z's new album. (나 Jay-Z의 새 앨범 듣고 있었어.)
　　I hear your voice. (네 목소리가 들려.)

a. immigrate (이민 오다) /
   emigrate (이민 가다)
   → 이 두 단어는 너무 형식적임.

b. 회화체에선 move (이동하다)가
   압도적으로 사용빈도가 높고
   자연스러움.
   이사든 이민이든 move를 강력
   추천.

예) We're moving to Canada next month. (우리 다음 달에 캐나다로 이민 가.)
    When did you move to Seoul? (너 언제 서울로 이사 갔어?)

a. Don't
   = 아예 시작도 말라는 의미.
   예) Don't talk. (말하지 마.)

b. Stop
   = 하던 것을 멈추란 의미.
   예) Stop talking. (말 좀 그만해.)

c. stop + (~ing)
   = (~ing)하는 걸 멈추다

예) Stop looking at me. (나 좀 그만 쳐다봐.)
    My puppy stopped barking. (우리 강아지가 짖는 걸 멈췄어.)

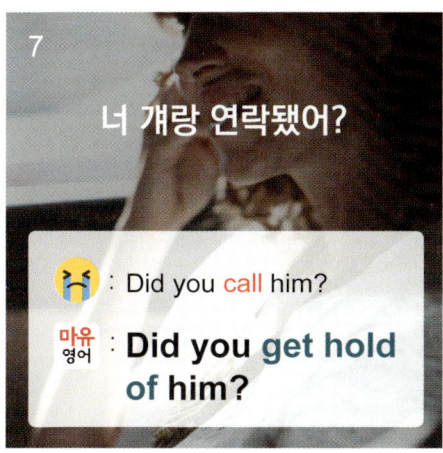

a. 단순히 전화하는 것과 실제로 연락이 닿는 것은 엄연히 다름.

b. call = ~에게 전화하다
   get hold of = ~와 연락이 닿다

c. reach (~와 연락이 닿다) 또한 추천.

예) I can't get hold of my girlfriend. (내 여자친구랑 연락이 안돼.)
    I'm trying to reach Alice. (Alice랑 연락 닿으려고 하는 중이야.)

a. climb = (암벽 등을 오르는) 등반을 하다
   hike = (산길 등을 걷는) 등산을 하다
   → 우리가 주말에 보통 가볍게 하는 것 = hiking

b. 추가 : hitchhike = hitch (남의 차를 얻어 타다) + hike (도보로 여행하다)

예) I never want to go hiking with my boss. (부장님이랑은 절대 등산가고 싶지 않아.)
    Have you tried rock climbing? (암벽 등반 시도해 본 적 있어?)

a. believe in = ~의 존재를 믿다

b. believe 동사는 in이 없으면 뭔가의 "말"을 믿는 게 됨.
   예) I don't believe in aliens.
      (난 외계인들의 존재 안 믿어.)
      I don't believe the aliens.
      (난 그 외계인들이 하는 말 안 믿어.)

예) I believe in god. (난 신의 존재를 믿어.)
   Do you believe him? (넌 걔 말을 믿냐?)

a. bring = 가져오다
   예) Bring it here.
      (그거 이리 가져와.)

b. take = 가져가다
   예) Take this.
      (이거 가져가.)

c. 비 오는 날 그녀에게 쿨해 보이려고, "Bring my umbrella."라고 하면 "내 우산 내 놔."가 되면서 끝이 남.

예) You can take my car. (내 차 가져가도 돼.)
   Can you bring some cash? (현금 좀 가져올 수 있어?)

a. 수업을 듣는다가 "수강한다"는 의미일 땐 소리를 듣는 게 아니므로 listen to (~의 소리를 듣다) 사용 금지.

b. take a class
 = 수강하다 → (수업을) 듣다
 예) I took this math class.
  (나 이 수학 수업 들었어.)

예) Let's take this class together. (이 수업 같이 듣자.)
 Don't take Professor Harrison's class. (Harrison 교수님 수업 듣지 마.)

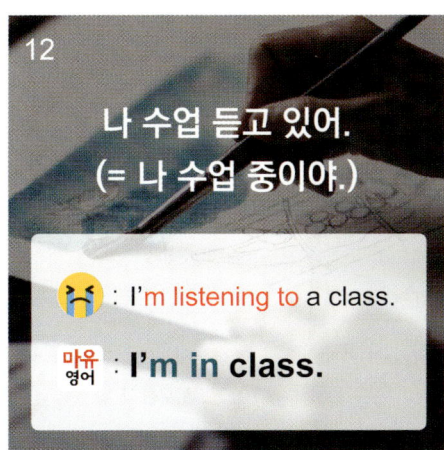

a. 수업을 듣고 있다는 말이 "수업 중이다"란 의미일 때도 여전히 소리를 듣는 게 아니므로 listen to (~의 소리를 듣다) 사용 금지.

b. be in class = 수업 중이다
 → 수업을 듣고 있다

예) I can't talk. I'm in class. (나 통화 못 해. 수업 듣고 있어.)
 Are you in class? (너 수업 중이야?)

a. play = (아이들이) 놀다
   hang out = (성인들이) 놀다

b. 성인이 놀 때도 위트 있게 play 를 쓰는 경우가 간혹 있음.

c. hang out의 과거는 hung out.

예) Boys, go out and play. (얘들아, 나가서 놀아.)
I hung out with Paris Hilton. (나 Paris Hilton이랑 놀았잖아.)

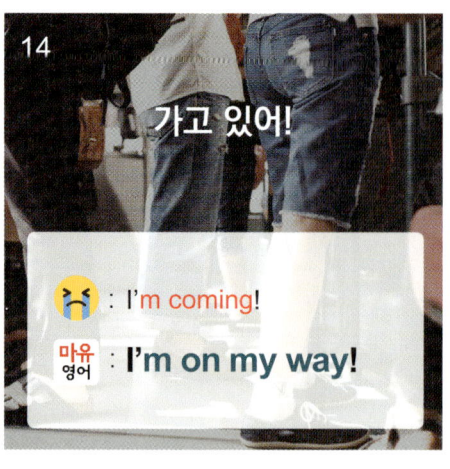

a. be + ~ing
   → 진행형 외에 확정된 미래 계획도 나타냄.
   "I'm coming!"은 "갈 예정이야!"로 오해할 수 있음.

b. be on one's way = 이동 중이다

c. "자장면 왜 안 와요?" 했을 때
   We're coming. = "갑니다."
   (배달 예정)
   We're on our way. = "가고 있어요." (배달 중)

예) She's on her way. (걔 가고 있어.)
Are you on your way? (너 오고 있니?)

참고 : 영어에서는 상대방 쪽으로 간다고 할 때 "come"을 사용

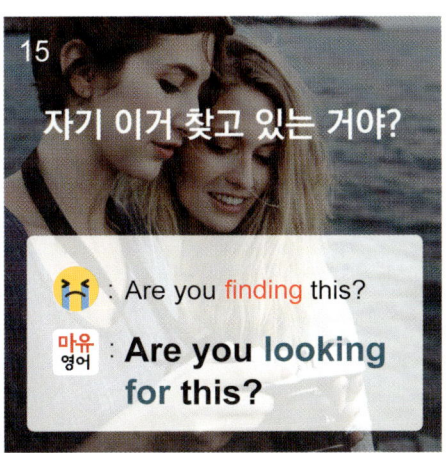

a. look for = ~를 찾으려고 하다
  (아직 찾지 못함)
  find = ~를 찾아내다 (이미 찾음)
  예) Did you look for your key?
    (너 열쇠 찾으려고 했니?)
  Did you find your key?
    (너 열쇠 결국 찾아냈니?)

예) I'm still looking for my ring. (나 아직도 내 반지 찾는 중이야.)
  I've found my ring. (나 내 반지 찾아냈어.)

a. '~해 보인다'고 표현할 때마다 다짜고짜 look like 쓰는 것 금지.

b. look + (형용사)
  = (형용사)해 보이다
  look like + (명사)
  = (명사) 같아 보이다

예) You look mean. (너 못돼 보여.)
  You look like a mean person. (너 못된 사람 같아 보여.)

a. o 하나에 뜻이 달라져 더 헷갈리는 단어 둘 :
   loose = 느슨한, 헐렁한 (형용사)
   lose = 잃다, 지다 (동사)

b. 심지어 발음도 다름
   loose = [루ㅆ]에 가깝게
   lose = [루z]에 가깝게

예) This shirt is loose for me. (이 셔츠 나한테 헐렁해.)
Don't lose your hope. (희망을 잃지 마.)

a. earn money (돈을 벌다)가 틀리진 않지만 make money (돈을 벌다)가 의미상 포괄적이고 회화체에서 선호됨.

b. earn은 액수와 함께 사용하는 걸 추천.
   예) I earned $100,000.
       (나 십만 달러 벌었어.)

예) I want to make a lot of money. (나 돈 많이 벌고 싶어.)
Angela earns $200,000 a year. (Angela가 일 년에 20만불 벌어.)

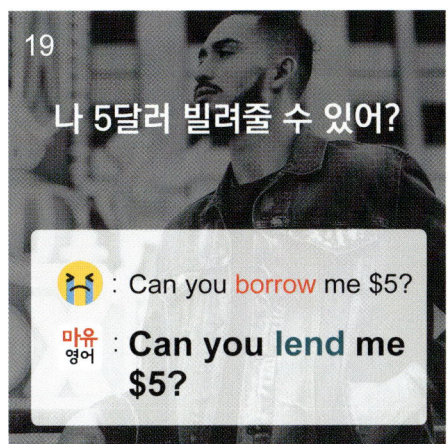

a. borrow = 빌리다
   lend = 빌려주다

b. 돈 빌릴 때 쓸 수 있는 옵션 둘 :
   - Can I borrow $5?
     (내가 5달러 빌려도 될까?)
   - Can you lend me $5?
     (나한테 5달러 빌려줄 수 있니?)
   실제로는 첫 번째 옵션이 많이 쓰이는 편.

예) Did you borrow money from your girlfriend? (너 여자친구한테 돈 빌렸어?)
Never lend your money to your friends. (절대로 친구들한테 돈 빌려주지 마.)

a. gain = (추가적으로) 얻다
   gain weight = 무게를 (추가적으로) 얻다 → 살찌다

b. gain weight을 한 덩어리로 익히는 게 핵심.

c. get weight은 '추가적인'이란 느낌이 떨어지면서 뭔가 살을 단번에 획득했단 느낌.

예) I've gained so much weight. (나 엄청 살쪘어.)
I've gained 5kgs. (나 5킬로 쪘어.)

응용만이 살길

주어진 한글 문장을 영어로 '입영작' 해 본 뒤 아래 정답을 확인하세요.

1. Kenny (짓궂게) 놀리지 마.
2. 나랑 결혼해 줘.
3. Teddy 작년에 이탈리아로 이민 갔어.
4. 나한테 그만 전화해!
5. 네 직장상사랑 연락됐어?
6. 이 돈 가져가.
7. 나 수업 다섯 개 듣고 있어.
8. 너 어디서 놀았어?
9. 제 여자친구를 찾고 있는데요.
10. 너 오늘 달라 보인다?

#정답

1. Don't make fun of Kenny.
2. Please marry me.
3. Teddy moved to Italy last year.
4. Stop calling me!
5. Did you get hold of your boss?
6. Take this money.
7. I'm taking five classes.
8. Where did you hang out?
9. I'm looking for my girlfriend.
10. You look different today.

[동사] 백신
21 → 40

I slept at 1.
나 1시에 잤어.

"이게 틀려요?"
틀려요. 왜냐하면…

a. date 자체가 '~와 데이트하다'의 뜻이어서 with 없이 쓰임.
   예) Date with me. (×)
   　　Date me. (○)

b. 참고 :
   date가 명사로 쓰인 have a date (데이트하다)는 with 사용.

예) Jenny only dates younger guys. (Jenny는 연하들이랑만 데이트해.)
　　Ashley had a date with Eugene. (Ashley가 Eugene이랑 데이트했대.)

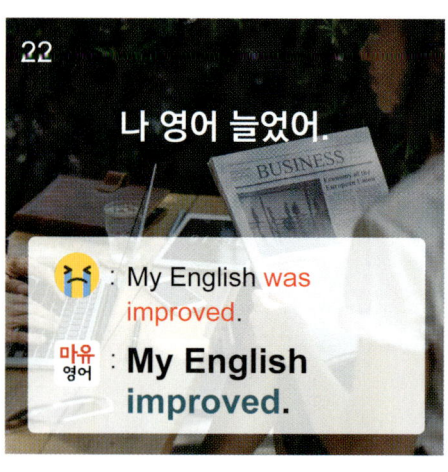

a. improve는 "향상시키다"란 뜻도 되지만 그 자체가 "향상되다"란 뜻도 됨.

b. 뭔가 "향상됐다"고 표현할 때 굳이 수동태를 쓸 필요가 없음.
   예) My English is improving.
   　　(내 영어가 향상되고 있어.)

c. "늘었다"고 할 때 많이 떠올리는 increase (증가되다)는 더더욱 말도 안 됨.

예) Their performance is improving. (그들의 실적이 향상되고 있어.)
　　The patient's condition has improved. (환자의 상태가 호전됐어요.)

a. join 자체가 '~와 합류하다/~와 함께하다'로 with의 의미를 가지고 있음.
  예) Join with us. (×)
     Join us. (○)

b. join with는 우리말의 '역전 앞' 같은 반복의 느낌임.

예) Would you like to join us? (저희랑 합류하시겠어요?)
   Join us for dinner. (저희랑 저녁식사 함께해요.)

a. prefer A + to B
  = A를 선호하다 + B보다는

b. 이 표현을 알기만 하고 직접 안 써 보면 어딘가 자꾸 to를 넣어야만 할 것 같은 유혹이 발생함 하지만 to B는 옵션일 뿐임.

c. B라는 비교 대상이 없으면 to도 붙을 이유가 없음.

예) I prefer sports cars. (난 스포츠카를 선호해.)
   I prefer sports cars to SUVs. (난 스포츠카를 선호해 SUV 보단.)

[동사] 백신

a. 명령문을 You로 시작하면 말투가 너무 거칠어지거나 "너나 해라!"란 느낌을 주면서 상대방이 오해하거나 상처받을 수 있음.

b. 명령문은 동사원형으로 시작할 것을 추천.
   예) You be quiet.
   　　(너나 조용히 해.)
   　　Be quiet. (조용히 해.)

예) Clean up your room. (네 방 치워.)
　　You clean up your room! (너나 네 방 치워!)

a. absolutely, definitely, totally 등을 아무리 써도 "꼭 ~해."라는 느낌을 주지 못함.
   예) Absolutely call me!
   　　→ 어색한 문장이란 이런 것.

b. Make sure to + (동사).
   = 꼭 (동사)해.
   예) Make sure to call me!
   　　(나한테 꼭 전화해!)

예) Make sure to pay me back. (나한테 돈 꼭 갚아.)
　　Make sure to wake me up. (나 꼭 깨워 줘.)

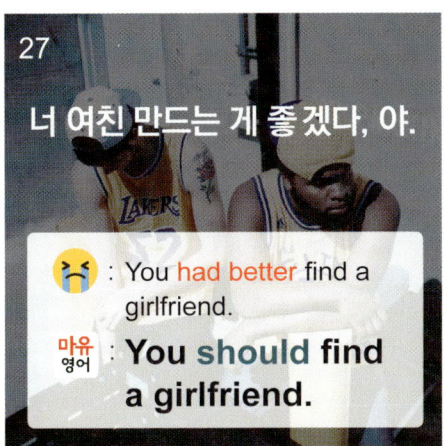

a. had better = 경고의 수준
   → "~하는 게 좋을 거다" 정도의 강력한 느낌.

b. should = 의견/충고의 수준
   → "~하는 게 좋겠다" 정도의 가벼운 느낌.

c. 여친 없는 게 범죄도 아닌데 had better를 들을 이유는 없음.

예) You should lose weight. (너 살 빼는 게 좋겠다.)
    You shouldn't smoke. (너 담배 안 피우는 게 좋겠어.)

a. 영어에서는 "뭔가에 대해" 의논하는 게 아니라, "뭔가를" 의논한다고 표현하므로 about (~에 대해)가 필요 없음.
   예) 그거 나중에 의논하자.
       Let's discuss about it later. (×)
       Let's discuss it later. (○)

예) Why don't we discuss this matter? (이 문제 좀 의논하는 거 어때?)
    We already discussed that issue. (우리 그 문제는 이미 의논했잖아.)

a. I think에 부정문을 추가하는 게 틀린 건 아니지만 비슷한 의미라도 I don't think 뒤에 긍정문을 추가하는 게 선호되며 더 자연스러움.
　예) I think you are not cute. → I don't think you are cute. (너 안 귀여운 거 같아.)

예) I don't think you're selfish. (난 네가 이기적이라고 생각 안 해.)
　　I don't think it's true. (그거 사실이 아닌 것 같아.)

a. 내가 운동하고 내가 굶었으니까 내 살이 빠지는 게 마땅함.
　→ 굳이 my, your 등의 소유격을 쓸 이유가 없음.

b. lose weight
　= 살이 빠지다 / 살을 빼다

c. drop weight 또한 같은 의미로 추천.

예) Have you lost weight? (너 살 빠졌어?)
　　I'm not losing any weight. (나 살이 안 빠지네.)

31

a. sick = 아픈 (형용사)
   → 전체적으로 아픈 몸 상태를 표현
   hurt = 아프다 (동사)
   → 물리적인 통증을 표현
b. 위염 때문에 위에 통증이 옴
   → hurt
   그 통증 때문에 몸이 전체적으로 아픈 상태 → sick
   예) My stomach hurts so I'm sick. (위에 통증이 와서 몸이 아파.)

예) My knee hurts a lot. (나 무릎이 많이 아파.)
    My brother is sick in bed. (우리 형 아파서 침대에 몸져 누워 있어.)

32

a. rob = (장소나 사람을) 털다
   steal = (물건 자체를) 훔치다
b. 은행 강도가 은행 돈을 steal함으로써 은행을 rob했음.
   길거리 강도가 내 지갑을 steal함으로써 나를 rob했음.

예) They robbed my office. (그 사람들이 내 사무실을 털었어.)
    They even stole my files. (심지어 내 파일들도 훔쳐갔어.)

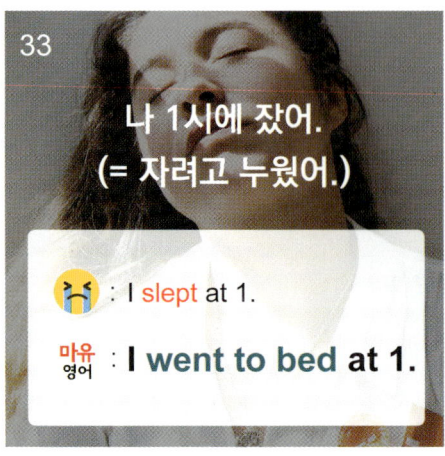

a. go to bed = 자러 가다

b. 잠든 시간을 정확히 기억하는 사람은 없으므로 "몇 시에 잤다 (sleep)"보다는 "몇 시에 자러 갔다 (go to bed)"가 논리적으로 옳은 표현.
참고 : sleep은 이미 자고 있는 상태를 표현.

c. go to sleep 또한 사용 가능.

예) I went to bed late. (나 늦게 자러 갔어.)
What time did you go to sleep? (너 몇 시에 자러 갔는데?)

a. lie = 눕다
lay = 눕히다

b. 원어민들 스스로도 너무 헷갈려 포기해 버린 실수로 너무 자책하지 말 것.

c. 눕다 → lie-lay-lain
눕히다 → lay-laid-laid

예) He's lying on the floor. (걔 바닥에 누워 있어.)
I laid my baby on the bed. (우리 아기를 침대에 눕혔어.)

a. get = 받다
   earn = (노력해서) 얻어내다

b. 부모님한테 갑자기 돈을 물려 받았다면 get money에, 열심히 일해서 돈을 벌었다면 earn money에 가까움.

예) I earned her trust. (난 그녀의 신뢰를 얻어냈어.)
    I want to earn your respect. (네 리스펙트를 얻어내고 싶다고.)

a. take a leave of absence
   = 휴학하다
   → 틀리진 않지만 회화체에서 쓰기엔 지나치게 형식적임.

b. take a semester off (from school) = 한 학기 휴학하다
   a semester 자리에 two semesters, a year 등으로 응용 가능.

예) I took two semesters off. (나 두 학기 휴학했어.)
    I took a year off from school. (나 1년 휴학했어.)

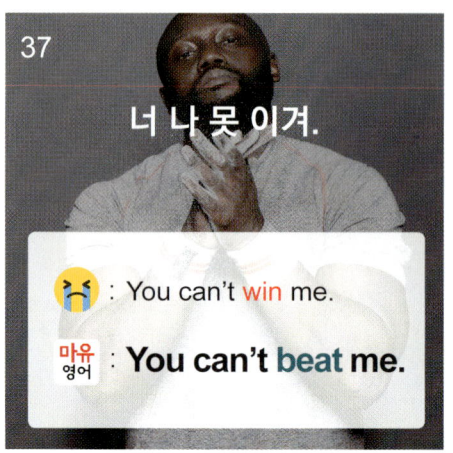

a. win = (게임, 시합 등에서) 이기다
   beat = (사람을) 이기다, (남의 기록을) 깨다
   예) I won the game / by beating his score.
   (내가 그 게임 이겼어 / 그의 점수를 깨서.)

b. beat은 과거형도 beat

예) Can you beat this record? (너 이 기록 깰 수 있어?)
   We can't win this game. (우리 이 게임 못 이겨.)

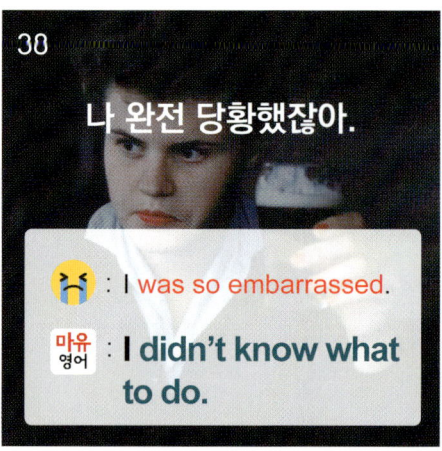

a. 당황했단 말은 갑작스러워 뭘 어찌해야 할지 몰랐다는 뜻. 때문에, embarrassed (민망한)이란 형용사는 틀림. embarrassed를 "당황한"으로 기재한 사전이 종종 있어 문제.
   예) 친구가 만취해 길에서 춤추면 내가 다 embarrassed함.

b. don't know what to do = 뭘 어찌해야 할지 모르다 → 당황하다

예) When I kissed her, she didn't know what to do. (걔한테 키스했더니 당황하더라?)
   You didn't know what to do, huh? (너 당황했구나, 응?)

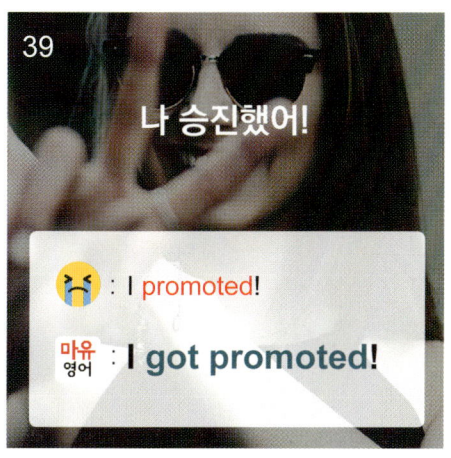

a. promote는 "승진하다"가 아닌 "승진시키다"임.

b. 수동태 (get promoted / be promoted)를 써야 "승진하다"가 됨.

c. 마음 편하게 get a promotion (승진하다)를 쓰는 것도 추천.

예) I didn't get promoted. (나 승진 못했어.)
　　I want to get a promotion. (저 승진하고 싶어요.)

a. attend = ~에 참석하다
　→ 단순히 간 것에 지나지 않음.
　예) 축구게임에 attend해서 관람만 함.

b. participate in = ~에 참여하다
　→ 가서 적극적으로 관여함.
　예) 축구게임에 직접 뛰면서 participate in 해서 다리가 아픔.

예) I attended the seminar but I didn't participate in it.
　　(세미나에 참석은 했는데 참여는 안 했어.)
　　Please participate in the class. (수업에 참여해 주세요.)

[동사] 백신　35

응용만이 살길

주어진 한글 문장을 영어로 '입영작' 해 본 뒤 아래 정답을 확인하세요.

1. 모든 게 향상되고 있어.
2. 나 2년 휴학했어.
3. 저는 더블베드를 선호해요.
4. 치킨 꼭 주문해.
5. 너 그녀에게 그만 전화하는 게 좋겠어.
6. 우리 어제 이거 의논했었나?
7. 난 너 멍청한 것 같지 않은데.
8. 내 왼팔이 아파.
9. 우리 10시에 자러 갔어.
10. 너 언제 승진했어?

#정답

1. Everything is improving.
2. I took 2 years off (from school).
3. I prefer a double bed.
4. Make sure to order chicken.
5. You should stop calling her.
6. Did we discuss this yesterday?
7. I don't think you're stupid.
8. My left arm hurts.
9. We went to bed at 10.
10. When did you get promoted?

[동사] 백신
41 → 60

Close your eyes.
눈 감고 있어.

"이게 틀려요?"
틀려요. 왜냐하면…

a. eat = 먹다
 take = 복용하다
 → 약은 먹는 게 아니라 복용한다고 표현.

b. vitamins에도 사용 가능.
 예) I didn't take any vitamins today. (오늘 비타민 복용 안 했어.)

예) Stop taking the pills. (알약 복용을 멈추세요.)
 How many pills should I take? (몇 알 복용해야 할까요?)

a. 자기 뼈를 자의로 부러뜨리지 않았어도 능동태 사용 추천. (뭔가에 "의해" 부러졌다고 특별히 강조하지 않는 이상)
 예) 나 갈비뼈 부러졌어.
  = My rib was broken.
  → I broke my rib.

b. sprain (삐다) / fracture (금이 가다)도 마찬가지.

예) Alison broke her finger. (Alison 손가락 부러졌대.)
 I sprained my ankle. (나 발목 삐었어.)

a. stop = 멈추다
   → 잠시 멈추는 것일 수도 있고 완전히 관두는 것일 수도 있음. *애매함

b. quit = 완전히 관두다
   → 완전히 관두는 것임을 확실히 못박음.

예) You should quit drinking. (너 술 끊는 게 좋겠어.)
　　I want to quit working here. (나 여기서 일하는 거 관두고 싶어.)

a. eat = 먹다
   → 음식에만 사용하는 걸 추천.
   예) steak, pasta, soup, etc.

b. have = 먹다
   → 음식과 식사에 모두 사용.
   예) spaghetti, dinner, dessert, etc.

c. 바꿔 써도 큰 무리는 없음.

예) Let's eat fried chicken! (후라이드 치킨 먹자!)
　　Let's have brunch together! (같이 브런치 먹자!)

[동사] 백신

a. turn off (a light)
 = (조명 불을) 끄다
 put out (a fire)
 = (화재 불을) 끄다

b. 이상할 정도로 아는 사람이 거의 없는 표현.

c. extinguish (a fire)도 사용 가능.
 → 하지만 화재를 "진압하다" 정도로 조금 형식적임.

예) I tried to put out the fire. (저 그 불 끄려고 노력은 했어요.)
    Please put out your cigarette. (담뱃불 좀 꺼주세요.)

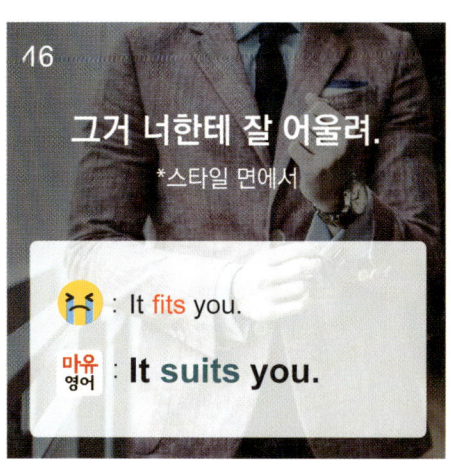

a. fit = (사이즈가) 잘 맞다
 suit = (스타일이) 잘 맞다
 → 잘 어울리다

b. fit과 suit은 뒤에 for를 쓰지 않음
 예) It suits for you. (×)
     It suits you. (○)

예) This blouse fits you. (이 블라우스 너한테 잘 맞네.)
    This blouse suits you. (이 블라우스 너한테 잘 어울려.)

a. hang의 의미가 "놀다, 걸다, 걸리다"일 때
   → 과거형은 hung

b. hang의 의미가 "목매달다"일 때
   → 과거형은 hanged

c. "I hanged …" 식으로 썼다간 무서운 문장이 됨.

예) We hung out in Las Vegas. (우리 Las Vegas에서 놀았어.)
    The murderer hanged himself. (그 살인자는 스스로 목을 매었어.)

a. change는 "바꾸다" 외에 "바뀌다"란 뜻도 됨.
   그래서 뭔가 바뀌었다고 할 때 굳이 수동태로 쓸 필요 없음.

b. 수동태는 뭔가에 "의해" 변했다는 걸 강조할 때만 사용.
   예) This logo was changed by the designer.
       (이 로고, 그 디자이너에 의해 바뀌었어.)

예) The scene changed. (장면이 바뀌었어.)
    My number has changed. (내 번호 바뀐 상태야.)

a. "하자"는 알지만 "하지 말자"는 모르는 한계를 극복.

b. Let's + (동사).
   = (동사)하자.
   Let's not + (동사).
   = (동사)하지 말자.

c. Let's don't / Don't let's가 아님.

예) Let's not forget. (잊지 말자.)
    Let's not talk about it. (그 얘기하지 말자.)

a. surprise = (긍정적/중립적으로) 놀라게 하다
   scare = (부정적으로) 놀라게 하다 → 겁주다

b. scare 대신 freak out (기겁하게 하다) 슬랭도 자주 사용.

예) I surprised her with this diamond ring. (이 다이아몬드 반지로 그녀를 놀라게 해 줬지.)
    I scared her with this zombie mask. (이 좀비 마스크로 그녀를 겁줬지.)

51

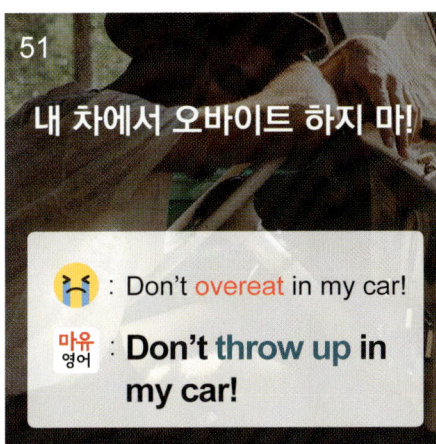

내 차에서 오바이트 하지 마!

😭 : Don't overeat in my car!

마유 영어 : Don't throw up in my car!

 백신

a. overeat = 과식하다
   throw up = 토하다
   → 흔히 쓰이는 오바이트는 사실 "과식하다"의 뜻.
   → 토하려는 친구에게 "과식하지 마!" 하지 말 것.

b. overeat도 조금 형식적이어서 eat too much (너무 많이 먹다)를 추천.

예) I overate so I threw up. (나 과식해서 토했어.)
    I think I ate too much. (나 너무 많이 먹은 거 같아.)

52

여기 귀여운 남자들 많아.

😭 : There is a lot of cute guys here.

마유 영어 : There are a lot of cute guys here.

 백신

a. There is + (단수명사)
   = (단수명사)가 있다
   There are + (복수명사)
   = (복수명사)들이 있다

b. 회화체에선 자주 무시되지만 글에선 절대 주의.
   예) There is a lot of problems.
       (회화체 ONLY)

예) There are many nice people in the world. (세상엔 착한 사람들이 많아.)
    There are 7 cars in my garage. (내 차고에 차가 7대나 있지.)

[동사] 백신 43

a. cook = (열을 가해) 요리하다
   → 샌드위치는 cook하는 게 아님.
   예) 김치찌개, 갈비찜, 파스타 등

b. make = 만들다
   → 모든 요리에 사용 가능.
   예) 샐러드, 샌드위치, 아이스 크림, 갈비찜 등

예) Can you cook pasta for me? (파스타 요리해 줄 수 있어?)
   I'll make salad for breakfast. (아침으로 샐러드 만들어 줄게.)

a. one of (복수명사)
   = (복수명사) 중 하나
   → 동사는 one에 맞춰야 마땅함 (3인칭 단수).
   예) 그들 중 한 명은 여자야.
   One of them are a woman. (×)
   One of them is a woman. (○)

예) One of the girls is a ghost. (그 여자애들 중 한 명은 귀신이야.)
   One of these eyeliners is mine. (이 아이라이너 중 하나는 내 거야.)

55

이 닭고기 좀 녹여 놔.

😭 : Melt this chicken.

마유영어 : Defrost this chicken.

 백신

a. melt = (고체를 액체로) 녹이다
   예) 얼음 → 물

b. defrost = (언 것을) 해동시키다

c. 특히, 실온에서 천천히 해동시키는 건 thaw를 많이 사용.
   예) Thaw this salmon.
   (이 연어 좀 해동시켜.)

예) The heat is melting the ice. (그 열기가 얼음을 녹이고 있어.)
    Defrost it in the microwave. (그거 전자레인지에 넣어서 해동시켜.)

56

나 그 수업 낙제했어.

😭 : I failed in the class.

마유영어 : I failed the class.

 백신

a. 시험이나 "수업에서" 낙제하는 게 아니라 시험이나 "수업을" 낙제 한다고 표현.

b. 따라서 fail (낙제하다)는 "~에서"란 의미의 in/on이 필요 없음.
   예) 나 그 시험 낙제했어.
      I failed on the test. (×)
      I failed the test. (○)

예) I might fail this test. (나 어쩌면 이 시험 낙제할지도 몰라.)
    You must not fail this class. (너 이 수업 낙제하면 안 돼.)

a. memorize = 외우다
   remember = (이미 외운 것을) 기억해 내다
   예) Memorize this password now + so you can remember it later.
   (지금 이 패스워드 외워 + 나중에 기억할 수 있게.)

b. 당연해 보이지만 마유영어 통계상 심하게 나오는 실수.

예) Can you memorize this? (너 이거 외울 수 있어?)
    Do you remember this? (너 이거 기억해?)

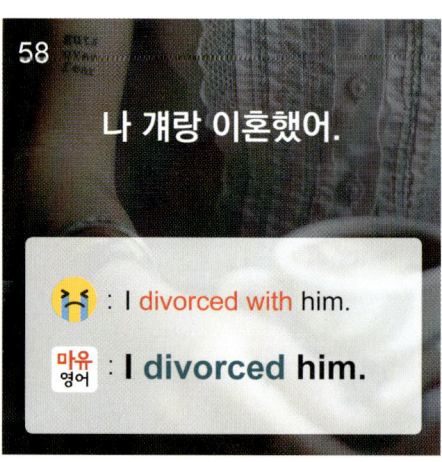

a. divorce 자체가 "~와 이혼하다"의 뜻.

b. divorce with는 '처가'로도 충분한데 '집'을 붙여 처갓집이라고 하는 것과 유사.

c. 전에 언급한 marry와 date도 마찬가지 (아이러니).
   예) I dated him, married him, and divorced him.
   (난 그와 데이트하고, 결혼하고, 이혼했어.)

예) When did you divorce Andrew? (언제 Andrew랑 이혼한 거야?)
    My wife is trying to divorce me. (내 아내가 나랑 이혼하려고 해.)

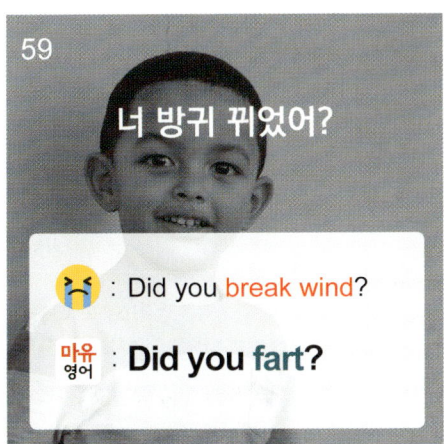

a. break wind도 사전에 "방귀 뀌다"로 나와 있으나 낮은 사용 빈도와 어색함에 추천하지 않음.

b. fart가 가장 무난한 선택.

c. 조금 더 격식으로 가려면 pass gas / release gas 추천.

예) I just farted. I'm sorry. (방금 방귀 뀌었어. 미안.)
　　Who farted? (누가 방귀 꼈을까?)

a. 어떤 행동을 하라고 명령하려면 동사로 시작.
　예) Close your eyes. (눈 감아.)

b. 그 행동을 유지하라고 명령하려면 keep으로 시작.
　예) Keep your eyes closed. (눈 감고 있어.)

c. Keep + (목적어) + (형용사).
　= (목적어)를 (형용사)한 상태로 유지해.

예) Open your eyes. (눈 떠.)
　　Keep your eyes open. (눈 뜨고 있어.) *여기서 open은 "열려 있는"이란 형용사

응용만이 살길

주어진 한글 문장을 영어로 '입영작' 해 본 뒤 아래 정답을 확인하세요.

1. 너 이 알약 먹었어?
2. 너 아이스크림 만들 수 있어?
3. 걔네 중 한 명이 거짓말하고 있어.
4. 나 내 친구들이랑 명동에서 놀았어.
5. 나 다리 부러졌어.
6. 오늘은 울지 말자.
7. 내 방에서 토하지 마.
8. 너 이 수업 낙제했어?
9. 너 내 이름 기억해?
10. 나 네 방에서 방귀 뀌었어.

#정답

1. Did you take this pill?
2. Can you make ice cream?
3. One of them is lying.
4. I hung out with my friends in 명동.
5. I broke my leg.
6. Let's not cry today.
7. Don't throw up in my room.
8. Did you fail this class?
9. Do you remember my name?
10. I farted in your room.

[동사] 백신
61 → 80

I hit Mike.
내가 Mike 팼어.

"이게 틀려요?"
틀려요. 왜냐하면…

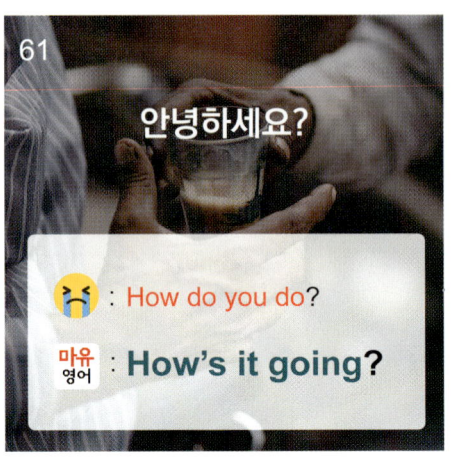

a. 아무리 첫만남이라도 "How do you do?"는 심하게 격식.
 → "안녕하시옵니까?"의 느낌.

b. "How's it going?" 인사가 첫만남에도 이후 만남에도 자연스러움.

예) A: Hello. (안녕하세요?)
    B: Hi, how's it going? (네, 안녕하세요?)

a. copy = ~를 베끼다, 모방하다, 옮겨 적다
  예) Don't copy my style.
     (내 스타일 베끼지 마.)

b. make a copy for = ~를 복사하다
  예) I made a copy for it.
     (저 그거 복사했어요.)

예) I made 20 copies. (나 20부 복사했어.)
    Make 5 copies for this. (이거 다섯 부 복사해.)

63

좀 쉬어.

😫 : Take a rest.
마유영어 : Get some rest.

 백신

a. take a rest (쉬다)는 사전에도 기록돼 있고 많은 동양권 국가에서 가르치지만 실제로 원어민들은 거의 사용하지 않는 표현.

b. get some rest 혹은 take a break을 사용할 것.

예) You look tired. Get some rest. (피곤해 보인다. 좀 쉬어.)
　　Let's take a break. (좀 쉽시다.)

64

파티를 열자!

😫 : Let's open a party!
마유영어 : Let's throw a party!

 백신

a. 파티를 "연다"고 표현할 땐 동사를 open이 아닌 throw 사용.

b. throw의 과거형은 threw임을 강조.

c. 같은 의미의 give a party 또한 추천.

예) I enjoy throwing parties. (나 파티 여는 거 즐겨.)
　　My friends threw a farewell party for me. (내 친구들이 날 위해 작별파티를 열어줬어.)

a. 과거에 1회성으로 해낸 일은 could 대신 was/were able to 사용.
   예) 나 정시에 도착할 수 있었어.
   I could arrive on time. (×)
   I was able to arrive on time. (○)

b. 지각동사엔 could 사용 가능.
   예) I could see her.
      (그녀를 볼 수 있었어.)

예) I was able to talk to her. (걔랑 얘기할 수 있었어.)
    I could hear her voice. (그녀 목소리를 들을 수 있었어.)

a. drink (마시다)란 동사 뒤에 음료 종류를 굳이 언급하지 않으면 자동으로 술을 마신다는 느낌이 묻어남.
   예) I drank with Kay.
      (나 Kay랑 술 마셨어.)

b. drink alcohol이 틀린 건 아니나 굳이 이렇게 쓸 필요는 없음.

예) Did you drink last night? (어젯밤에 술 마셨어?)
    Who are you drinking with? (너 누구랑 술 마시고 있어?)

67

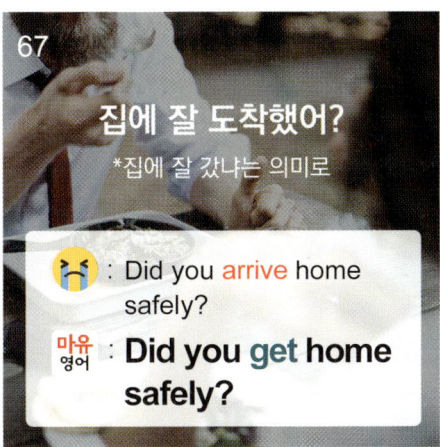

집에 잘 도착했어?

*집에 잘 갔냐는 의미로

😭 : Did you arrive home safely?

마유 영어 : Did you get home safely?

 백신

a. arrive at/in = ~에 도착하다
   get to = ~에 도착하다 + ~에 가다

b. get to는 가까운 거리에도 자주 쓰여 더욱 캐주얼하면서도 포괄적인 표현.
   예) How did you get to school? (너 학교에 어떻게 갔어?)

예) I got here at 3. (나 여기 세 시에 도착했어.)
   How do I get to the building? (그 빌딩에 어떻게 가요?)

68

걔네가 나 무시했어.

*비웃음을 당했을 때

😭 : They ignored me.

마유 영어 : They looked down on me.

 백신

a. ignore = ~를 무시하다
   → 못 본 체한다는 느낌.
   예) She saw me but ignored me. (걔가 날 봤는데 못 본 척했어.)

b. look down on = ~를 무시하다
   → 깔본다는 느낌.
   예) She looked down on my family. (걔는 우리 가족을 무시했어.)

예) Don't ignore my warning. (내 경고 무시하지 마.)
   Don't look down on me just because I'm poor. (내가 가난하다고 나 무시하진 마.)

[동사] 백신

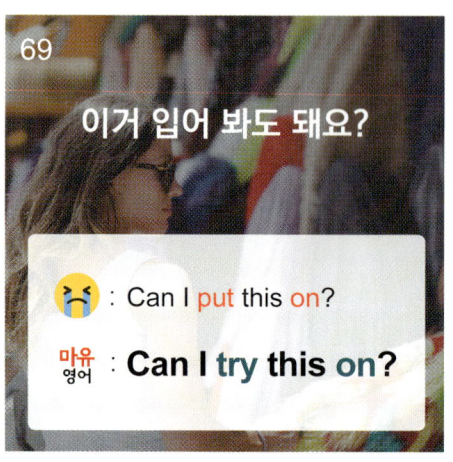

a. put something on
   = ~를 입다
   try something on
   = ~를 입어 보다

b. 아직 자기 옷도 아닌데 피팅룸에서 put on을 쓰면 굉장히 어색.

c. 추가 : throw something on
   = ~를 급하게 걸쳐 입다

예) Would you like to try this on? (이거 입어 보시겠어요?)
    Try it on. (그거 입어 봐.)

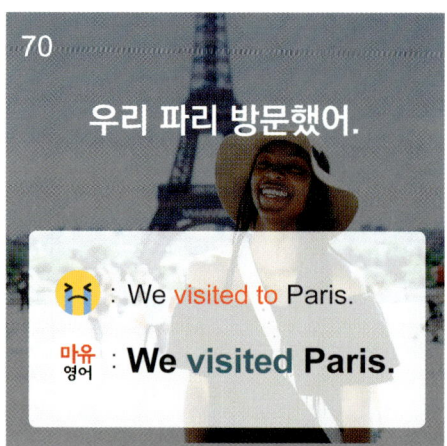

a. visit을 go와 헷갈려서 벌어지는 실수.

b. 장소 "에" 방문하는 게 아니라, 장소 "를" 방문하는 게 맞으므로 to (~로)가 필요 없음.

예) Have you visited Korea before? (전에 한국 방문하신 적 있어요?)
    The CEO visited our factory. (CEO가 우리 공장을 방문했어.)

71
그 계약서에 서명했어?

😭 : Did you sign on the contract?
마유영어 : Did you **sign** the contract?

 백신

a. sign (서명하다) 동사는 이미 자체에 "~에"라는 의미를 포함하기 때문에 서류 등에 서명한다고 할 때 on이 필요 없음.
예) 이 수표에 서명해 주세요.
   Sign on this check. (×)
   Sign this check. (○)

예) I forgot to sign the form. (그 양식에 서명하는 거 깜박했어요.)
    Don't sign the letter yet. (아직 그 편지에 서명하지 마.)

72
나 운동 중이야.
*역기를 들며

😭 : I'm exercising right now.
마유영어 : I'm **working out** right now.

 백신

a. exercise = 운동하다
   → 대개 장소에 상관없이 하는 포괄적인 의미의 운동.
   예) 조깅, 걷기, 윗몸 일으키기, 스트레치 등

b. work out = 운동하다
   → 특히, 근육을 기르기 위해 헬스장에서 하는 강렬한 반복 운동.
   예) 벤치 프레스, 스쿼트 등

예) Walking is good exercise. (걷는 건 좋은 운동이야.)
    I'm working out in the gym. (나 헬스장에서 운동 중이야.)

a. happen = (계획되지 않은 일이) 생기다, 벌어지다
   예) 천재지변, 사고 등
   take place = (계획된 일이) 벌어지다, 열리다
   예) 세미나, 미팅, 결혼식 등

예) The car accident happened yesterday. (그 차 사고가 어제 생겼어.)
   The film festival took place in Busan. (그 영화제가 부산에서 열렸어.)

a. hit = 치다
   beat (up) = 두들겨 패다

b. hit을 여러 번 반복하는 것이 beat (up).

c. beat은 과거형도 beat을 사용.

예) I can beat you up. (널 두들겨 팰 수도 있어.)
   Who beat you? (누가 널 팼니?)

a. reserve (예약하다)를 쓸 때는 뭘 예약했는지 언급해야 함.
   예) I reserved. (×)
       I reserved the room. (○)

b. make a reservation (예약하다)는 그럴 필요 없음.

예) I reserved a table. (테이블 하나 예약했어.)
    I made the reservation. (내가 예약했어.)

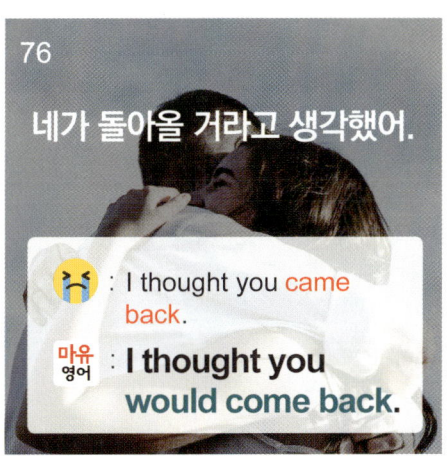

a. would는 will (~할 것이다)의 과거형.

b. 동사 앞에 would를 넣어야 "(과거 시점에서 앞으로) ~할 것이다" 란 느낌을 줌.
   예) I thought / you would love me. (난 생각했어 / 네가 날 사랑할 거라고.)

예) I thought you would like me. (네가 날 좋아할 거라고 생각했지.)
    I knew you would help me. (네가 날 도와줄 거라는 거 알고 있었어.)

[동사] 백신

a. look forward to = ~를 고대하다
 → to 나왔다고 자동으로 "to 동사원형" 발사하지 말 것.
 예) I look forward to hear from you. (×)

b. 여기 to 뒤엔 무조건 명사 혹은 ~ing 사용.

예) I'm looking forward to the party. (나 그 파티 고대하고 있어.)
 I'm looking forward to going to the party. (나 그 파티 가는 거 고대하고 있어.)

a. effective = 효과가 큰 (형용사)

b. work = 효과가 있다 (동사)
 → 효과가 있긴 하지만 크거나 작다는 뜻은 아님.

c. work를 반드시 동사로 대우해 줄 것.
 예) It is work. (×)
  It works. (○)

예) My plan was effective. (내 계획이 효과가 컸어.)
 My plan worked. (내 계획이 효과가 있었어.)

a. impossible (불가능한)이란 단어는 너무 무거운 느낌을 줌과 동시에 문장이 길어지는 고통마저 선사함.

b. can't be + (명사)
   = (명사)일 리가 없다
   예) You can't be my sister!
      (네가 내 여동생일 리가 없어!)

예) You can't be a model. (네가 모델일 리가 없어.)
   Amy can't be a millionaire. (Amy가 백만장자일 리가 없어.)

a. clap (박수치다)는 박수치는 동작에만 너무 집중한 단어.
   예) My baby is clapping.
      (우리 아기 박수 치고 있네.)

b. 남을 소개하거나 칭찬할 땐 Give it up for 사람!
   = ~에게 박수쳐 주세요!

예) Let's give it up for Michael Jackson! (Michael Jackson을 박수로 환영합시다!)
   Please give it up for Eminem! (Eminem에게 박수 부탁해요!)

응용만이 살길

주어진 한글 문장을 영어로 '입영작' 해 본 뒤 아래 정답을 확인하세요.

1. 이거 10부 복사해.
2. 나 좀 쉬었어.
3. 나 그거 끝마칠 수 있었어.
4. 저희는 당신과 일하는 걸 고대합니다.
5. 그 헬스장에서 운동하자.
6. 그 세미나가 캘리포니아에서 벌어졌어.(= 열렸어.)
7. 난 내 여친을 위해 파티를 열어 줬어.
8. 너 왜 날 (못 본 체) 무시했니?
9. 그거 효과 없어.
10. 마돈나에게 박수 부탁해요!

#정답

1. Make 10 copies for this.
2. I got some rest.
3. I was able to finish it.
4. We look forward to working with you.
5. Let's work out in the gym.
6. The seminar took place in California.
7. I threw a party for my girlfriend.
8. Why did you ignore me?
9. It doesn't work.
10. Please give it up for Madonna!

2 [형용사/부사] 백신

몇 개나 맞는지 먼저 입영작해 보세요. ※ 충격과 공포 주의

자기는 바보야.
　　　　내가 어릴 땐 좀 귀여웠지.
　　부럽다, 야.
자네 업무실적이 감동적이군.
그가 실종됐어.　　　　　　　　　　　너 삐쳤어?
나 야근했어.
　　　이 노래가 특히나 좋아.
이 영화 끝에 반전 있어.
　　　　　　　　시간 다 됐습니다.

[형용사/부사] 백신

1 → 20

Call me everyday.
나한테 매일 전화해.

"이게 틀려요?"
틀려요. 왜냐하면…

a. 분위기, 톤, 인간 관계에 따라 달라질 수 있으나
stupid
= 멍청한, 지능이 떨어지는
silly
= 실없는, 웃기는

b. 실없이 애교부리는 애인에게 "You're stupid." 하면 "이 멍청한 놈아." 하는 격.

예) My boyfriend is stupid. (내 남친은 멍청해.)
My boyfriend is sometimes silly. (내 남친은 가끔 실없어.)

a. on time (정시에)는 시간과 섞어 쓰지 못함.
예) 10:00 on time (×)

b. on time 대신 sharp를 넣으면 "딱"이란 느낌을 줄 수 있음.
예) 10:00 sharp (○)
(딱 10시)

예) I'll see you at 12 o'clock sharp! (딱 12시에 봐!)
I'll pick you up at 5:30 sharp. (딱 5시 30분에 픽업할게.)

3

피부를 촉촉하게 유지하는 방법

😭 : How to Keep Your Skin Wet
마유영어 : How to Keep Your Skin Moist

 백신

a. 드라마에서 못된 시어머니가 며느리 얼굴에 물을 "촥" 끼얹는 정도는 돼야 wet.

b. 젖은 단계 :
　★☆☆ moist = 촉촉한
　★★☆ wet = 젖은
　★★★ soaked = 흠뻑 젖은

예) Her eyes were moist with tears. (그녀의 눈은 눈물로 촉촉했어.)
　　My hair is still wet. (내 머리 아직도 젖어 있어.)

4

나한테 매일 전화해.

😭 : Call me everyday.
마유영어 : Call me every day.

 백신

a. everyday = 일상적인 (형용사)
　→ 명사 앞에서만 사용.
　예) It's an everyday object.
　　　(그건 일상적인 물건이야.)

b. every day = 매일매일 (부사)
　예) I run every day.
　　　(나 매일 달려.)

예) This is my everyday job. (이게 내 일상적인 일이야.)
　　I eat chicken every day. (나 치킨 매일 먹어.)

[형용사/부사] 백신

a. not = 아닌
   예) I'm not tired.
      (나 안 피곤해.)

b. not really = 별로 아닌
   예) I'm not really tired.
      (나 별로 안 피곤해.)

c. 추가 : really not = 진짜 아닌

예) You're not really skinny. (너 별로 안 말랐어.)
    You're really not skinny. (너 진짜 안 말랐어.)

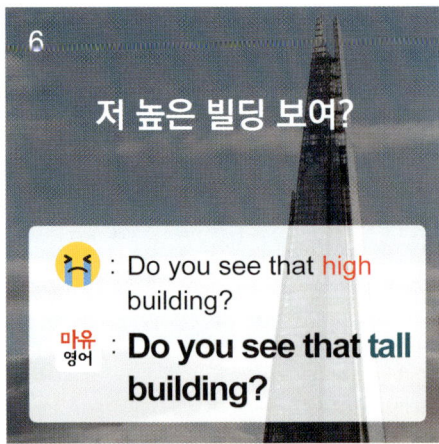

a. 건물 등이 높다고 할 땐 대부분 tall.
   → 너비에 비해 높이가 상대적으로 긴 것.
   예) a tall person (키 큰 사람)
      a tall tree (큰 나무)
      a tall mountain (높은 산)

b. 너비와 높이가 비슷한 것은 high를 쓸 때도 있음.
   예) high heels, a high mountain, etc.

예) N Seoul Tower is pretty tall! (N 서울 타워 꽤 높다!)
    We have a tall tree in the yard. (우리 뜰에 키 큰 나무가 있어.)

a. oily보다 greasy가 기름지고 느끼하고 건강하지 못하다는 부정적인 뉘앙스가 더욱 강함.

b. oily = 기름기 있는 (중립적)
greasy = (음식이) 기름지고 느끼한 (부정적)
cheesy = 말이나 생각 등이 촌스럽고 느끼한 (부정적)

예) I hate greasy food. (난 기름진 음식이 싫어.)
　　Yuck! This hamburger looks so greasy! (우웩! 이 햄버거 엄청 느끼해 보여!)

a. 20대 초반의 젊은 사람이 "when I was young (내가 젊었을 땐)"하면 어색할 수 있음.

b. young보다는 little 혹은 younger가 안전한 선택.
예) when I was little
　　(내가 어렸을 땐)

예) I was fat when I was little. (나 어렸을 땐 뚱뚱했어.)
　　I used to study hard when I was younger. (어렸을 땐 나 공부 열심히 하곤 했어.)

[형용사/부사] 백신　67

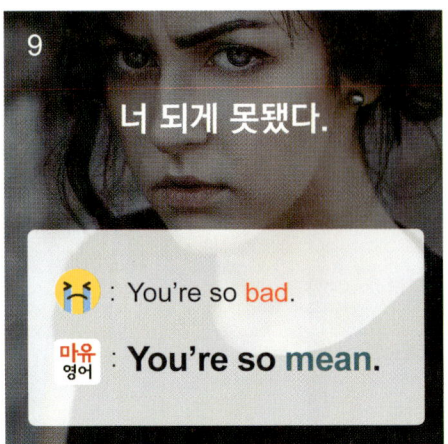

a. mean = 심성이 못된
bad = 나쁜 / 뭔가를 잘 못하는

b. 상황이 나쁠 순 있어도 못될 순 없음.
예) The situation is mean. (×)
The situation is bad. (○)

c. "You're so bad."는 "너 되게 못한다."로 들릴 수도 있음.

예) Don't be mean. (못되게 굴지 마.)
　　Why are you always mean to me? (너 왜 항상 나한테 못되게 구냐?)

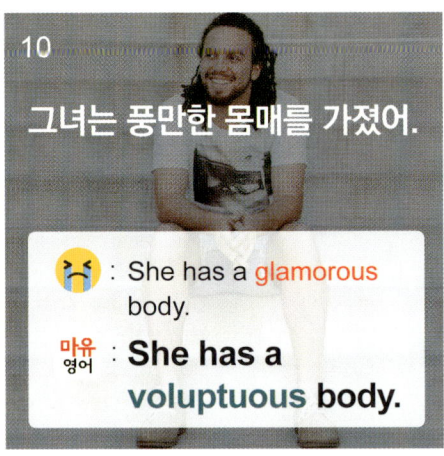

a. glamorous = 화려한
→ 몸매가 화려할 수도, 직업이 화려할 수도, 물건이 화려할 수도 있음.

b. 우리가 흔히 글래머라고 하는 풍만한 몸매는 voluptuous란 형용사를 사용.

예) He's living a glamorous life. (그는 화려한 인생을 살고 있어.)
　　I prefer voluptuous women. (나는 글래머인 여자들이 더 좋아.)

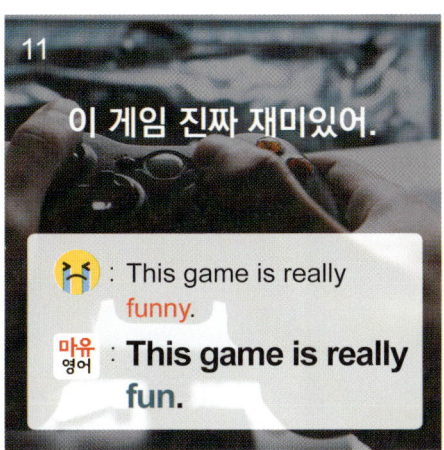

a. funny = 웃긴
   fun = 재미있는

b. 롤러코스터나 바이킹이 재미는 있지만 웃기진 않음.

c. 사람은 재미있을 수도 있고 웃길 수도 있음.

예) It was a fun experience. (그건 재미난 경험이었어.)
    Jim Carrey is so funny. (Jim Carrey 엄청 웃겨.)

a. so (형용사) = 엄청 (형용사)한
   예) so lovely (엄청 사랑스러운)

b. 하지만 뒤에 (명사)가 오면 so가 such로 변신.
   → such (형용사) (명사)
     = 엄청 (형용사)한 (명사)
   예) such beautiful weather
       (엄청 아름다운 날씨)
       such a lovely girl
       (엄청 사랑스러운 소녀)

예) He's so selfish. (걔 엄청 이기적이야.)
    He's such a selfish person. (걔 엄청 이기적인 인간이야.)

[형용사/부사] 백신 69

a. bore (지루하게 만들다)
   → boring (지루하게 만드는)
   예) a boring person
       (남을 지루하게 만드는 사람)

b. bore (지루하게 만들다)
   → bored (지루함을 당한
       → 지루해진)
   예) a bored person
       (지루해진 사람)

예) This scenario is boring. (이 시나리오 지루해.)
    Are you bored? (너 지루함을 느껴? / 지루해? / 심심해?)

a. highly = 매우 (부사)
   예) She's highly intelligent.
       (그녀는 매우 지적이야.)

b. high = 높게 (부사)
   예) Michael Jordan jumped high. (Michael Jordan은 높게 점프했어.)

예) I highly recommend this movie. (이 영화 매우 추천해.)
    I can sing high. (나 높게 노래할 수 있어.)

a. envy = 부러워하다 (동사)
jealous = 질투하는 (형용사)

b. 오히려 envy가 부러워한다는 뜻인데도 "질투할 정도로 많이 부럽다"란 위트와 함께 회화체에선 대부분 jealous로 부러움을 표현.

c. be jealous of + (명사)
= (명사)가 엄청 부럽다

예) I'm jealous of your sister. (난 너희 언니가 질투 날 정도로 부러워.)
We're so jealous of you guys. (우린 너희가 엄청 부러워.)

a. second-hand = 중고의
used = 중고의

b. second-hand는 형식적이어서 회화체에서는 used가 압도적으로 높은 사용빈도를 자랑함.

c. 광고에서는 pre-owned (중고의) 라는 표현이 선호됨.

예) I prefer used cars. (난 중고차를 선호해.)
We have a variety of pre-owned vehicles. (저희는 다양한 중고차량들을 보유하고 있습니다.)

[형용사/부사] 백신

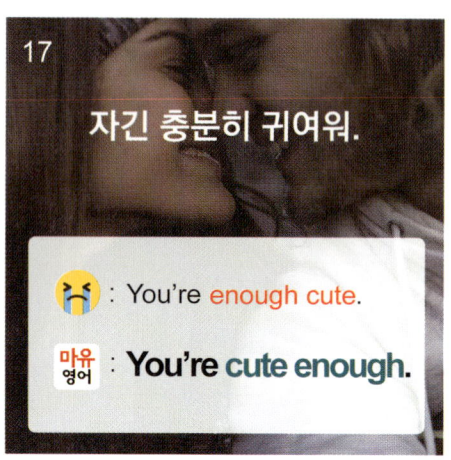

a. "충분하다"는 표현은 한국어 어순과 영어 어순이 정반대임.

b. 충분히 (형용사)한
 = (형용사) enough
 예) 충분히 섹시한
 (sexy enough)

예) This Ferrari is fast enough for me. (이 Ferrari는 나한텐 충분히 빨라.)
I'm not tall enough. (난 키가 충분히 크지 않아.)

a. home은 "집"이란 명사도 되지만 그 자체가 "집으로 / 집에 / 집에서" 등의 부사도 됨.

b. "~로"라는 의미의 전치사 to를 또 쓸 필요가 없음.

c. to home 이라고 쓰면 "집으로 으로" 라고 반복하는 격.

예) Come back home. (집으로 돌아와.)
Can I go home? (저 집에 가도 돼요?)

a. late = 늦게 (부사)
   예) Sue came home late.
      (Sue는 집에 늦게 왔어.)

b. lately = 최근에 (부사)
   예) James is quiet lately.
      (James가 최근에 조용하네.)

예) I went to bed late. (나 잠자리에 늦게 들었어.)
   I haven't seen him lately. (나 최근에 걔 본 적 없어.)

a. at dawn (새벽에)는 시간과 섞어 쓰지 않음.
   예) 5 at dawn (×)

b. in the morning (새벽에/아침에)로 대체.
   예) 5 in the morning (○)

예) I got up at 4 o'clock in the morning. (나 새벽 4시에 일어났어.)
   She came home at 2 in the morning. (걔 새벽 2시에 집에 왔어.)

[형용사/부사] 백신 73

응용만이 살길

주어진 한글 문장을 영어로 '입영작' 해 본 뒤 아래 정답을 확인하세요.

1. 딱 11시에 봐.
2. 나 매일 내 남자친구 봐.
3. 영어 별로 안 어려워.
4. 나 어렸을 땐 인기 있었어.
5. 난 못된 남자들 싫어해.
6. 당신 수업은 재미있어요.
7. 너 높게 점프할 수 있어?
8. 난 너 안 부러워.
9. 나 중고차 샀어.
10. 새벽 1시잖아!

#정답

1. I'll see you at 11:00 sharp.
2. I see my boyfriend every day.
3. English is not really difficult.
4. I was popular when I was little.
5. I hate mean guys.
6. Your class is fun.
7. Can you jump high?
8. I'm not jealous of you.
9. I bought a used car.
10. It's 1 in the morning!

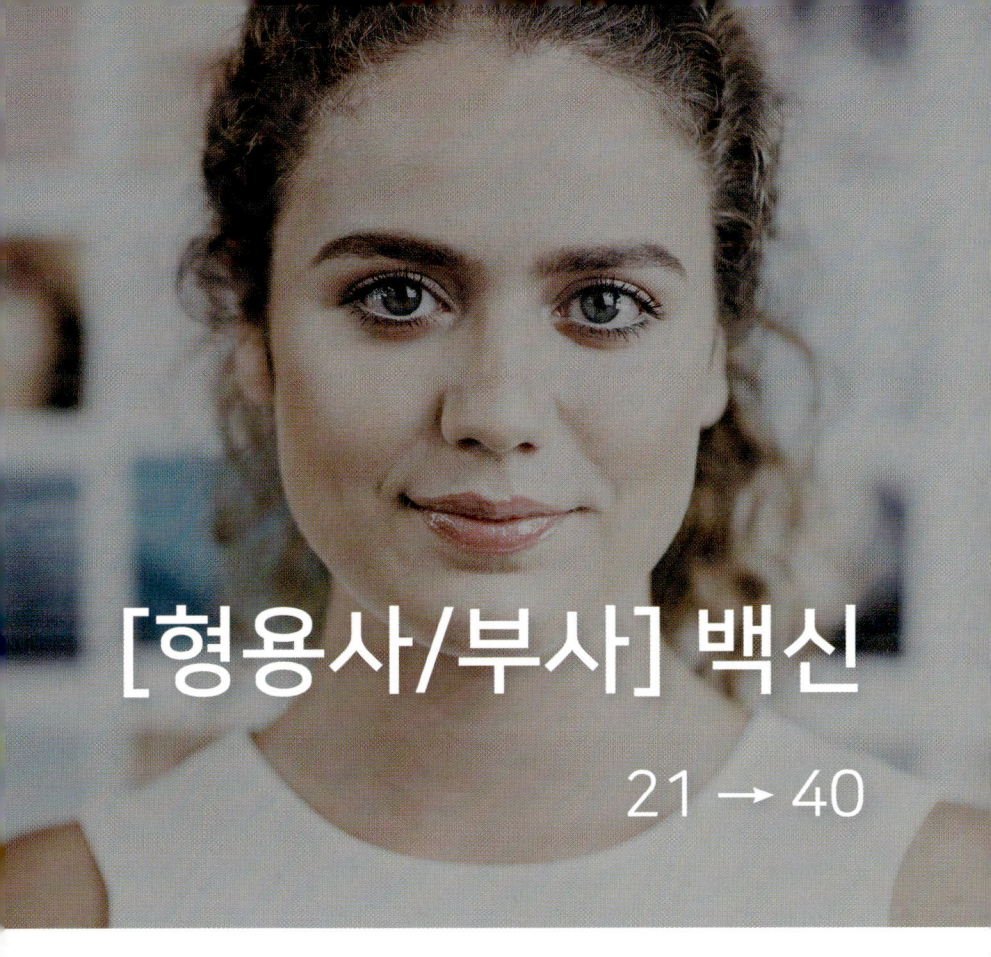

[형용사/부사] 백신
21 → 40

I'm a single.
나 미혼이야.

"이게 틀려요?"
틀려요. 왜냐하면…

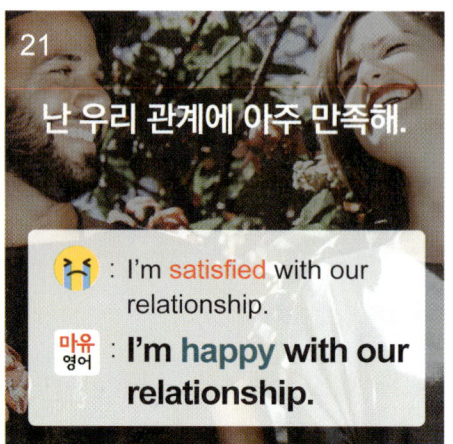

a. satisfied = (욕구가 충족될 정도로) 만족한
　happy = (만족도가 아주 높아) 만족한

b. be happy with (명사)
　= (명사)에 아주 만족하다
　예) Our customers are happy with our products.
　　(저희 고객들은 자사 제품에 아주 만족해 하십니다.)

예) I'm satisfied with the result. (난 그 결과에 적당히 만족해.)
　　Are you happy with your life? (넌 네 인생에 아주 만족하니?)

a. for free = 공짜로 (부사)
　예) I got this mouse for free.
　　(이 마우스 공짜로 받았어.)

b. free = 공짜인 (형용사)
　예) This mouse is free.
　　(이 마우스 공짜야.)

예) Let me give you this sample item for free. (이 샘플 아이템 공짜로 드릴게요.)
　　This sample item is free. (이 샘플 아이템 공짜야.)

23

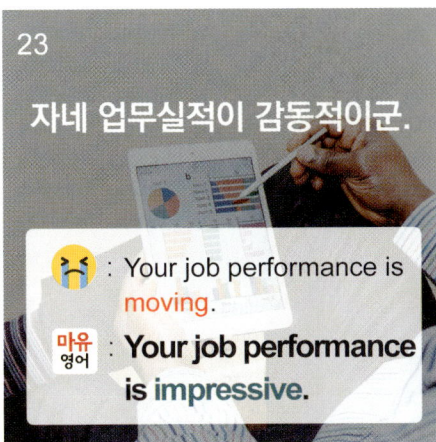

a. moving
   = (감성을 움직여) 감동적인
   impressive
   = (실력 등이 대단해) 인상적인

b. 면접에서 :
   • 어릴 적부터 편찮으신 부모님을 부양한 이야기 → moving
   • 유창한 영어로 클라이언트를 모은 이야기 → impressive

예) It's such a moving love story. (그건 아주 감동적인 사랑 이야기야.)
Your presentation was impressive. (당신 프레젠테이션이 인상적이었어요.)

24

a. this way = 이런 식으로 (부사)
   that way = 저런 식으로 (부사)
   → "~로"란 의미의 in을 넣으면 "이런 식으로 으로"라고 반복하는 격.

b. this way를 명사 취급하여 in을 넣는 경우도 간혹 있으나 적은 편.

예) You can do it this way. (그거 이런 식으로 해도 돼.)
I learned English that way. (난 영어를 그런 식으로 배웠어.)

[형용사/부사] 백신

a. directly = 직접
   → 다른 사람이나 장소를 거치지 않고 바로
   예) Come here directly.
   (여기로 바로 와.)

b. in person = 직접
   → 실제로 만나서
   예) I talked to Brad Pitt in person.
   (나 Brad Pitt이랑 실제로 만나서 대화했어.)

예) Have you seen 마유 in person? (너 마유 직접 본 적 있니?)
    I sent it to him directly. (나 그거 (다른 사람 안 거치고) 걔한테 직접 보냈어.)

a. (명사)-free = (명사)가 없는
   → 대개 (명사)가 해로운 느낌일 때.
   예) stress-free (스트레스 없는)

b. (명사)less = (명사)가 없는
   → 대개 (명사)가 해로운 느낌은 아닐 때.
   예) fatherless (아버지가 없는)

예) I prefer sugar-free drinks. (난 무설탕 음료를 선호하는 편이야.)
    I feel powerless. (무력한 느낌이 들어.)

a. plenty of = 충분한, 많은
　→ 부정문에서는 어색.
　예) 나 현금 많아.
　　　I have plenty of cash. (○)
　　　I don't have plenty of cash. (×)

b. enough = 충분한
　→ 모든 문장에 쓸 수 있음.
　예) I have enough cash.
　　　I don't have enough cash.

예) There's plenty of water. (물 충분히 있어.)
　　You didn't buy enough beer. (너 맥주를 충분히 안 샀구나.)

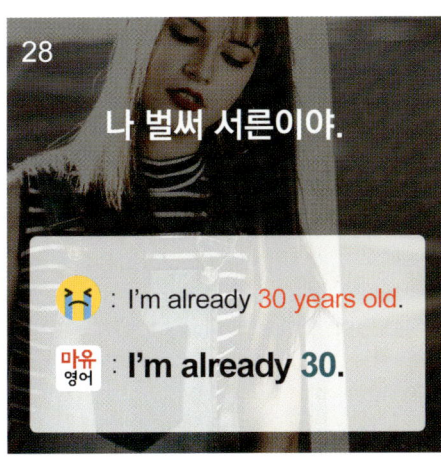

a. 나이에 years old를 붙이는 게 절대 틀린 건 아니지만 회화체에선 대부분 생략.

b. 문장 안에 already (벌써), yet (아직은), still (여전히) 등의 양념이 들어가 있을 땐 더더욱 생략.

예) I'm not 40 yet. (나 아직 마흔 아니야.)
　　I'm still 29! (나 아직 스물아홉이라고!)

[형용사/부사] 백신　79

a. angry = 화난 수위가 꽤 높은 편
   mad = angry보다 화난 수위가 낮은 편

b. "삐친"에 가장 가까운 형용사는 mad임을 믿어 줄 것.

c. 장난스런 느낌의 슬랭 butthurt (삐친) 또한 추천.

예) Don't be mad. (삐치지 마.)
   He's just butthurt. (걔 그냥 삐친 거야.)

a. nowadays = 요즘 세상에
   → 틀리진 않지만 "요즘 세상에"처럼 방대한 의미로 쓰는 걸 추천.
   예) Nowadays, everyone uses a smart phone. (요즘 세상엔 모두가 스마트폰을 써.)

b. these days = 요즘에, 요즘 세상에
   → 더욱 캐주얼해서 두루두루 사용.
   예) I feel lonely these days. (나 요즘 외로워.)

예) Everything is expensive nowadays. (요즘 세상엔 모든 게 다 비싸.)
   Joy is quiet these days. (Joy가 요즘 조용해.)

31

이 컴퓨터 엄청 빨라.

😭 : This computer is really quick.

마유영어 : This computer is really fast.

 백신

a. quick = 빠른 → 시간에 집중
   예) KTX는 서울에서 부산까지 2시간 30분에 주파함.
   → quick한 열차

b. fast = 빠른 → 속도에 집중
   예) KTX는 서울에서 부산까지 300km/h의 속도로 달림.
   → fast한 열차

c. 전달하려는 포인트에 따라 주관적으로 바뀔 수 있음.

예) Lamborghini is the fastest sports car. (Lamborghini는 (속도가) 가장 빠른 스포츠카야.)
That was quick! (엄청 빨리 왔네!) *친구가 30초 만에 화장실에서 돌아옴

32

너 술 깼어?

😭 : Are you awake?

마유영어 : Are you sober?

 백신

a. awake = 잠/의식이 깨어 있는
   예) Are you awake?
       안 자고 깨어 있냐는 질문

b. sober = 술이 깨어 있는
   예) Are you sober?
       술이 깬 상태냐는 질문

예) I'm sober. (나 술 깼어.)
    I'm not sober yet. (나 아직 술 안 깼어.)

a. clear = 투명한
   clean = 깨끗한

b. 유리잔이 clear하더라도 clean 하지는 않을 수 있음.
   예) This clear glass is not clean.
   (이 투명 유리잔이 깨끗하지 않군.)

예) Look at the clear water. (투명한 물 좀 봐.)
   My house isn't clean. (우리 집은 깨끗하지 않아.)

a. miss가 "놓치다"이기 때문에 missed가 "놓침을 당한 = 실종된, 없어진"일 것 같지만 이것만은 예외.

b. missing = 실종된, 없어진
   예) 없어진 부품
   missed part (×)
   missing part (○)

예) We can't find the missing child. (그 실종된 아이를 찾을 수가 없어.)
   My dog is missing. (우리 개가 없어졌어요.)

35

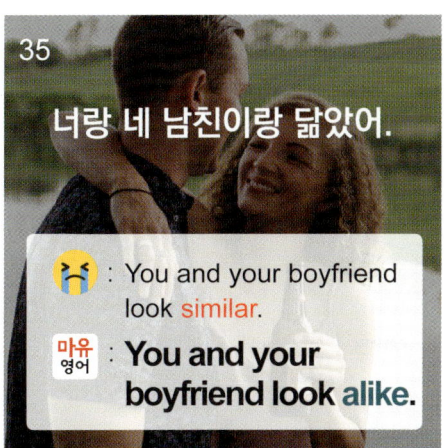

너랑 네 남친이랑 닮았어.

😭 : You and your boyfriend look similar.

마유영어 : You and your boyfriend look alike.

a. look similar = 비슷하게 생기다
   예) These cars look similar.
      (이 차들 비슷하게 생겼어.)

b. 하지만 사람이 닮았다고 할 땐 look alike.
   예) You guys look alike.
      (너희 닮았어.)

예) Do we look alike? (우리가 닮았어?)
   You guys don't look alike at all. (너희 전혀 안 닮았어.)

36

걔 엄청 착해.

😭 : He's so good.

마유영어 : He's so nice.

a. 영어로 "착한"에 가장 가까운 형용사는 good도 kind도 아닌 nice임을 믿어 줄 것.
   예) Be nice to your sister.
      (누나한테 착하게 굴어.)

b. good은 보통 뭔가를 잘한다는 의미.
   예) You're so good!
      (너 엄청 잘한다!)

예) You're so nice. (엄청 착하시네요.)
   I'm not nice at all. (나 전혀 안 착해.)

a. overtime = 시간을 초과하여
   until late at night = 밤 늦게까지

b. 초과 근무가 무조건 야근은 아님. 퇴근 시간이 6:00인데 6:30까지 근무하면 초과 근무한 거지 야근한 게 아님.

예) I hate working until late at night. (나 야근하는 거 진짜 싫어.)
    I studied until late at night. (나 밤 늦게까지 공부했어.)

a. 철자 위치 하나로 생기는 스펠링 실수 TOP 10 안에 들어가는 단어.

b. quiet = 조용한 (형용사)
   quite = 상당히, 꽤 (부사)
   예) The engine was quite quiet.
       (그 엔진 꽤 조용했어.)

예) She was quiet at first. (걔 처음에는 조용했어.)
    English is quite easy to learn. (영어는 배우기 꽤 쉬워.)

39

그냥 괜찮았지 뭐.

😭 : So so.

마유영어 : It was okay.

 백신

a. 너무 좋지도 나쁘지도 않고 그냥 저냥 괜찮은 정도란 느낌을 표현할 때 "So so."의 사용빈도는 많이 떨어짐.

b. okay / alright
= 그냥 저냥 괜찮은
월등한 빈도의 "It's okay." 혹은 "It's alright." 추천.

예) A: So, how's your life in Italy? (그래, 이탈리아에서 사는 건 어때?)
　　B: Well, it's okay/alright. (뭐, 그냥 저냥 괜찮아.)

40

저 미혼인데요.

😭 : I'm a single.

마유영어 : I'm single.

 백신

a. single (미혼)인 사람 한 명은 형용사로만 사용.
　예) Sue is a single. (×)
　　　Sue is single. (○)

b. single (미혼)인 사람 여러 명은 복수명사로 사용 가능.
　예) They are both singles.
　　　(걔네 둘 다 싱글이야.)

예) Is she single? (걔 싱글이야?)
　　Look at all these singles. (이 싱글들 좀 봐.)

응용만이 살길

주어진 한글 문장을 영어로 '입영작' 해 본 뒤 아래 정답을 확인하세요.

1. 네 점수에 아주 만족하니?
2. 이 로션 공짜 아니야.
3. 이거 무가당 주스예요.
4. 난 충분한 돈이 없어.
5. 나 안 삐쳤어.
6. 나 아직 술 안 깼어.
7. 너랑 너희 언니랑 닮았어.
8. 걔네 착해?
9. 나 야근하고 싶지 않아.
10. 그 영화 그냥 괜찮았어.

#정답

1. Are you happy with your score?
2. This lotion is not free.
3. This is sugar-free juice.
4. I don't have enough money.
5. I'm not mad.
6. I'm not sober yet.
7. You and your sister look alike.
8. Are they nice?
9. I don't want to work until late at night.
10. The movie was okay.

[형용사/부사] 백신

41 → 60

I'm drunken.
나 취했어.

"이게 틀려요?"
틀려요. 왜냐하면…

a. some time = 꽤 오랜 시간 (명사)
　예) It took some time.
　　　(그거 꽤 오래 걸렸어.)

b. sometime = 언젠가 (부사)
　예) Let's meet up sometime.
　　　(언제 한번 만나자.)

c. 말로 할 때는 모름. 글로 쓰면 바로 들통나는 실수.

예) It takes some time to learn Chinese. (중국어 배우는 거 꽤 오래 걸려.)
　　Let's have dinner sometime. (언제 저녁 한번 먹자.)

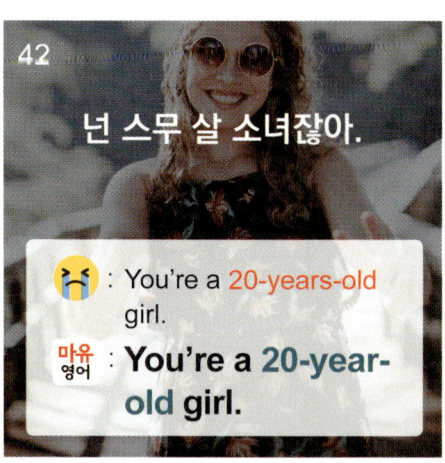

a. 나이만 단독으로 표현할 땐 복수 (years)로.
　→ I'm 20 years old.

b. 명사 앞에서 "몇 살 먹은"으로 쓰일 땐 단수 (year)로.
　→ I'm a 20-year-old student.

예) My husband is a 40-year-old lawyer. (내 남편은 마흔 살 먹은 변호사야.)
　　The 50-year-old singer is very rich. (그 50세 가수는 엄청 부자야.)

문 열려 있어.

😭 : The door is opened.

마유영어 : The door is open.

 백신

a. open = 열려 있는
   예) This party is open for everyone. (이 파티는 모두에게 열려 있어.)

b. opened = (뭔가에 의해) 열린
   → 굳이 어떤 도구, 수단, 사람에 "의해" 열렸다는 걸 강조해야 할 때만 사용.
   예) The safe was opened by the burglar. (금고가 그 절도범에 의해 열렸어.)

예) 7-Eleven is open for 24 hours. (7-Eleven은 24시간 열려 있어.)
    The door was opened with a knife. (그 문은 칼로 열렸어.)

나 살아있는 생선 못 먹어.

😭 : I can't eat alive fish.

마유영어 : I can't eat live fish.

 백신

a. live = 살아있는
   → 명사 앞에서만 사용.
     [라이ㅂ]에 가깝게 발음.
   예) I saw a live scorpion.
     (나 살아있는 전갈 봤어.)

b. alive = 살아있는
   → 뒤에 명사 없이 단독으로 사용.
   예) The alien is still alive!
     (그 외계인 아직 살아있어!)

예) Are you alive? (너 살아있긴 한 거니?)
    There's a live snake in the room! (방 안에 살아있는 뱀이 있어!)

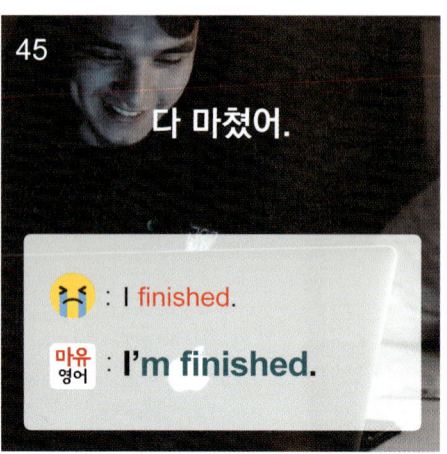

a. 보통 "(일) 다 마쳤어." 라고 말할 땐 "마쳤다"는 과거 동작보다는 "마친 상태"라는 현재 상태를 전할 때가 대부분임.

b. finished = 마친 상태인 (형용사)
   예) I am finished.
   　　(나 다 마친 상태야.)

예) Are you finished? (너 다 마친 상태니?)
　　I'm not finished yet. (나 아직 다 안 마쳤어.)

a. drunken = 취한
   → 대부분 명사 앞에서만 사용.
   예) drunken driving (음주운전)

b. drunk = 취한
   → 명사 앞에서도, 단독으로도 사용.
   예) drunk driving (음주운전)
   　　I'm drunk. (나 취했어.)

예) Are you drunk? (너 취했어?)
　　Drunken driving is dangerous. (음주운전은 위험해.)

a. especially
   = 특히나
   예) I especially like this part.
      (난 이 부분이 특히나 좋아.)

b. specially (for)
   = (~만을 위해) 각별히
   예) This song was written specially for you.
      (이 노래는 당신만을 위해 각별히 만들어졌어요.)

예) This song is good, especially this part. (이 노래 좋아, 특히나 이 부분이.)
   This car was specially made for the singer. (이 자동차는 그 가수만을 위해 각별히 만들어졌어.)

a. last, this, next가 시기를 나타내는 단어 (예: Monday, week, weekend, month) 앞에 오면 부사로 변신하면서 in, on, at이 필요 없음.
   예) on Monday (월요일에)
      this Monday (이번 월요일에)

예) I'll see you next Friday. (다음 금요일에 보자.)
   I moved here last month. (나 지난달에 여기로 이사 왔어.)

a. less = 더 적은
   → 셀 수 없는 명사 앞에서
   예) less stress, less air, less time, etc.

b. fewer = 더 적은
   → 복수명사 앞에서
   예) fewer calories, fewer people, fewer seats, etc.

c. 원어민들의 전문 실수.

예) This phone has fewer problems. (이 전화기가 문제가 더 적어.)
    They have less money than us. (걔네가 우리보다 돈이 더 없어.)

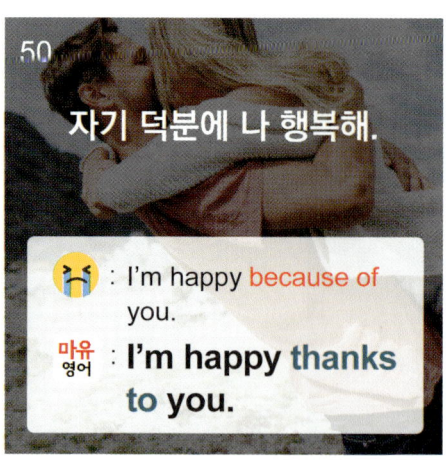

a. because of = ~ 때문에
   → 중립적/부정적인 느낌.
   예) because of the rain
       (그 비 때문에)

b. thanks to = ~ 덕분에
   → 긍정적인 느낌.
   예) thanks to the rain
       (그 비 덕분에)

예) I passed the test thanks to you. (나 네 덕에 그 시험 패스했어.)
    I'm breathing thanks to your love. (네 사랑 덕분에 내가 숨쉬고 있는 거라고.)

51

나 완전 짜증나!

😭 : I'm so annoying!

마유영어 : I'm so annoyed!

 백신

a. annoy (짜증나게 만들다) →
   annoying (짜증나게 만드는)
   예) an annoying person
       (남을 짜증나게 만드는 사람)

b. annoy (짜증나게 만들다) →
   annoyed (짜증나게 된)
   예) an annoyed person
       (짜증을 느끼는 사람)

예) My brother is so annoying! (내 남동생 완전 사람 짜증나게 해!)
    Your sister looks annoyed. (네 언니 짜증난 거 같아 보이는데?)

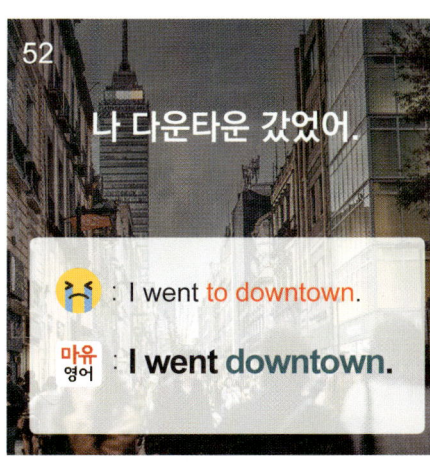

52

나 다운타운 갔었어.

😭 : I went to downtown.

마유영어 : I went downtown.

 백신

a. downtown은 "다운타운"이란 명사도 되지만 "다운타운으로 / 다운타운에 / 다운타운에서" 등의 부사도 됨.
   따라서, "~로"란 의미의 전치사 to가 필요 없음.

b. to downtown이라고 쓰면 "다운타운으로 으로"라고 반복하는 격.

c. uptown도 마찬가지.

예) She moved downtown. (걔 다운타운으로 이사했어.)
    I live uptown. (나 업타운에 살아.)

[형용사/부사] 백신

a. 살찐 단계:
   ★☆☆ chubby = 통통한
   ★★☆ fat = 뚱뚱한
   ★★★ obese = 많이 비만인

b. 경고
   여자에게는 fat 대신 chubby라
   해도 강력히 욕 먹을 것임.
   영어권도 예외 없음.

예) Do I look chubby? (나 통통해 보여?)
   Chubby is better than fat. (통통한 게 뚱뚱한 거보단 낫지 뭐.)

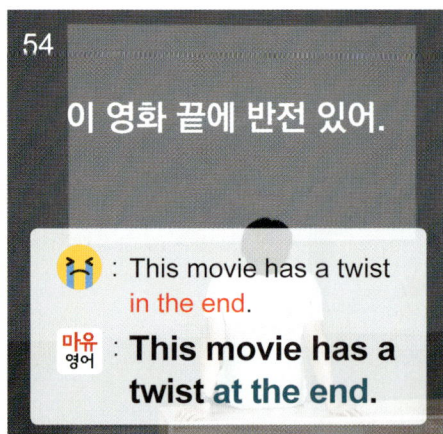

a. in the end = 결국엔
   → "결론적으로"란 느낌의
     덩어리.
   예) Police caught him in the end.
     (경찰이 결국 그를 잡았어.)

b. at the end
   = (단순히 시간이나 위치) 끝에
   예) I'm going to quit at the end
     of the year.
     (나 올해 말에 관둘 거야.)

예) You'll regret your decision in the end. (넌 결국에는 네 결정 후회할 거야.)
   The murderer dies at the end. (그 살인자 끝에 가서 죽어.)

a. in (년도) = (년도)에
  예) in 2017 (2017년에)
      in 1800 (1800년에)

b. in the (년도)s = (몇 년대)에
  예) in the 1900s (1900년대에)
      in the 1950s (1950년대에)

예) She debuted in 2000. (그녀는 2000년에 데뷔했어.)
    She debuted in the 2000s. (그녀는 2000년대에 데뷔했어.)

a. 최상급 형용사와 달리 최상급 부사는 the를 거의 생략.
  예) the best (최고인)
      best (최고로)
      the fastest (가장 빠른)
      fastest (가장 빠르게)

b. the를 유지하는 사람도 간혹 있음.

예) I like chicken most. (난 치킨을 가장 좋아해.)
    They make it fastest. (걔네가 그거 가장 빨리 만들어.)

[형용사/부사] 백신   95

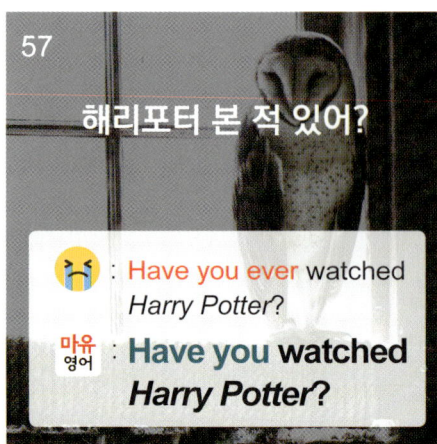

a. 경험을 물어볼 때마다 모든 문장에 ever 넣는 버릇은 자제.

b. ever는 "한 번이라도"란 느낌을 더해 주지만 자주 경험할 수 없는 일이나 특별한 일이 아니면 조금 자제할 것.

예) Have you tried this pasta? (이 파스타 먹어 본 적 있어?)
　　Have you ever visited Africa before? (전에 아프리카 한 번이라도 방문한 적 있어?)

a. "이 시간에"라고 할 때의 "시간"은 추상적인 개념의 시간 (time)이 아니라 실제로 "몇 시"할 때의 시간 (hour)을 사용.

b. 이 시간에 = at this hour

c. 마치 at 3 (3시에)라고 하는 것과 같은 이치.

예) Who's crying at this hour? (누가 이 시간에 울고 있는 거지?)
　　Who are you talking to at this hour? (이 시간에 누구랑 통화하는 거야?)

a. finally = (보통 긍정적) 드디어
   → 오랜 시간이나 어려움 후에 잘되었단 느낌.
   예) 드디어 여친 생김, 드디어 치킨이 배달됨, etc.

b. in the end = (보통 중립적/부정적) 결국엔
   → "끝에 가서는"이란 직역에서 느껴지듯, 많은 변화 끝에 결론이 났다는 느낌.
   예) 결국 여친과 헤어짐, 결국 별일 아니었음, etc.

예) I finally married her. (나 드디어 걔랑 결혼했어.)
   They broke up in the end. (걔네 결국 헤어졌잖아.)

a. 시간이 다 된 것은 finished란 형용사를 사용할 수 없음. done도 마찬가지로 사용 불가.

b. up = (시간이) 다 된

c. "Time's up!"은 시험이 끝날 무렵 항상 듣게 될 표현으로 암기 추천.

예) Put your pencils down. Time's up. (연필 내려 놓으세요. 시간 다 됐어요.)
   Time's almost up. (시간이 거의 다 됐습니다.)

응용만이 살길

주어진 한글 문장을 영어로 '입영작' 해 본 뒤 아래 정답을 확인하세요.

1. 이 상자 열려 있어요?
2. 이 살아있는 물고기 좀 봐.
3. 나 안 취했어!
4. 나 David 지난 주말에 봤어.
5. 이 비행기가 좌석이 더 적어.
6. 나 네 덕분에 A 받았어.
7. 너 안 통통해.
8. 내 남자친구는 1980년대에 태어났어.
9. 너 내 지갑 본 적 있어?
10. 너 왜 이 시간에 나한테 전화한 거야?

#정답

1. Is this box open?
2. Look at this live fish.
3. I'm not drunk!
4. I saw David last weekend.
5. This plane has fewer seats.
6. I got an A thanks to you.
7. You're not chubby.
8. My boyfriend was born in the 1980s.
9. Have you seen my wallet?
10. Why did you call me at this hour?

[형용사/부사] 백신

61 → 80

Is it delicious?
그거 맛있어?

"이게 틀려요?"
틀려요. 왜냐하면…

61

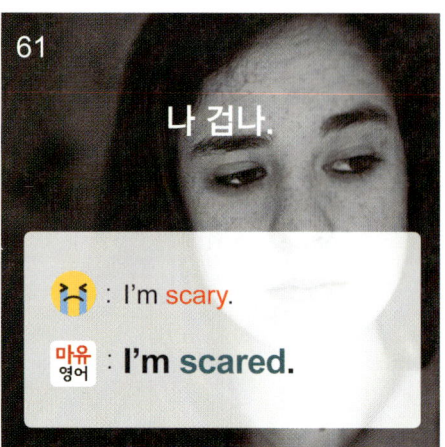

a. scare = 겁주다
   scary = 겁주는 → 무서운
   　　　　　　*주의 : scaring이 아님
   scared = 겁주는 걸 당한
   　　　　　→ 겁먹은

b. "I'm scary." 라고 하면 내가 남을 겁주는 인물이 되어 버림.

예) Are you scared? (너 겁먹었니?)
　　This horror movie is scary. (이 공포영화 무서워.)

62

a. 한창 다이어트 중임을 diet (동사)의 진행형 dieting을 써서 표현할 수도 있지만 사용빈도가 너무 떨어짐.
   예) She's dieting.
   　　(걔 다이어트 중이야.)

b. 99%의 사람들은 덩어리 표현을 사용.
   → on a diet = 다이어트 중인 (형용사)

예) Are you on a diet? (너 다이어트 중이야?)
　　I'm always on a diet. (난 항상 다이어트 중이지.)

a. 무엇보다 물건은 service가 될 수 없음.

b. on the house = 가게에서 돈을 부담하는 → 서비스인
예) This chicken is on the house. (이 치킨은 서비스예요.)

c. the house = (레스토랑 등) 현재 있는 장소

예) A: We didn't order this. (저희 이거 안 시켰는데요?)
　　B: Don't worry. It's on the house. (걱정 마세요. 그건 서비스예요.)

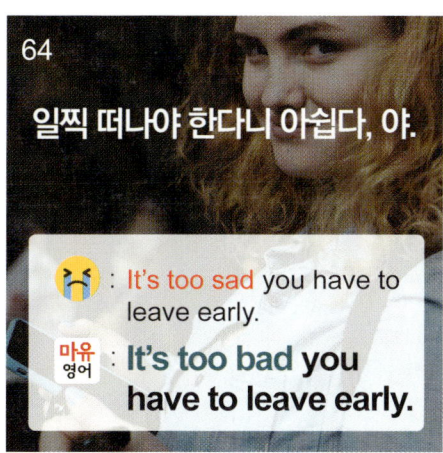

a. too bad = 아쉬운, 안타까운 → '너무 나쁜'이 아님.

b. 단독으로 감탄사처럼 쓸 수도 있고,
예) It's too bad. (너무 아쉬워.)

c. 뒤에 평서문을 추가할 수도 있음.
예) It's too bad you can't stay. (못 머문다니 아쉬워.)

예) It's too bad I can't help you. (내가 못 도와줘서 안타깝다.)
　　It's too bad you don't have a girlfriend. (네가 여친이 없다니 안타깝다.)

a. every day는 "매일매일"이지 "하루 종일"이 아님.

b. all day = the whole day = 하루 종일

c. "하루 조~옹~일"처럼 강조하려면 all day long을 사용.

예) I ate all day today. (나 오늘 하루 종일 먹었어.)
 I have to study all day long. (나 하루 조~옹~일 공부해야 돼.)

a. every night은 "매일 밤마다"지 "밤새도록"이 아님.

b. all night = the whole night = 밤새도록

c. "밤새~도록"처럼 강조하려면 all night long을 사용.

예) She danced all night. (그녀는 밤새도록 춤췄어.)
 I was thinking of you all night long. (나 밤새~도록 너 생각하고 있었어.)

a. thankful = (나쁜 일이 안 생겨) 감사한 → 다행인
  예) 집 나가서 걱정했던 반려견이 돌아왔을 때.

b. grateful = (좋은 일에) 감사한
  예) 많은 팬들이 콘서트에 와줬을 때.

예) We're thankful that you are alive. (네가 살아있어서 감사해.) *다행이란 느낌
  I'm grateful that I have a family. (가족이 있음에 감사해.)

a. upstairs는 "위층"이란 명사도 되지만 "위층으로 / 위층에 / 위층에서" 등의 부사도 됨. 따라서 "~로"란 의미의 전치사 to를 쓸 필요가 없음.

b. to upstairs 라고 쓰면 "위층으로으로"라고 반복하는 격.

c. downstairs도 마찬가지.

예) The kids are playing upstairs. (애들이 위층에서 놀고 있어.)
  Go downstairs. (아래층으로 가.)

[형용사/부사] 백신

a. delicious = 맛있는
   → 과장된 표현이기 때문에 극도로 맛있거나 광고용이 아닌 이상 사용빈도가 낮음.
   → 음식 만든 사람에게 칭찬과 고마움을 표현할 때 주로 사용.

b. good = 맛있는
   → 칭찬이 아니어도 두루두루 사용.

예) Is it good? (그거 맛있어?)
    This soup isn't really good. (이 수프 별로 맛없어.)

a. impolite = 예의 없는
   → 예의 없음이 의도적일 수도 아닐 수도 있음.

b. rude = 무례한
   → 예의 없음이 무조건 의도적이고 impolite보다 강함.

c. 불친절한 서비스엔 보통 강력한 rude를 사용.

예) You're being so rude! (엄청 무례하게 구시네요!)
    I'm not going there again. They're so rude. (나 거기 다신 안 가. 사람들이 엄청 무례해.)

a. valid = (법적으로) 유효한
→ 쿠폰이 valid할 순 있어도 음식이 valid할 순 없음.

b. good = (포괄적으로) 유효한
→ 쿠폰도 good할 수 있고 음식도 good할 수 있음.

예) This ticket is valid for 2 weeks. (이 티켓은 2주간 유효합니다.)
These eggs are good for 20 days. (이 달걀들은 20일간 먹어도 괜찮아요.)

a. excite (신나게 만들다)
→ exciting (신나게 만드는)
예) an exciting adventure
(남을 신나게 만드는 모험)

b. excite (신나게 만들다)
→ excited (신나게 된)
예) an excited kid (신난 아이)

예) A : Are you guys excited about the show? (여러분 이 쇼 볼 생각하니 신나요?)
B : Yes, we are so excited! (네, 저희 엄청 신나요!)

[형용사/부사] 백신　105

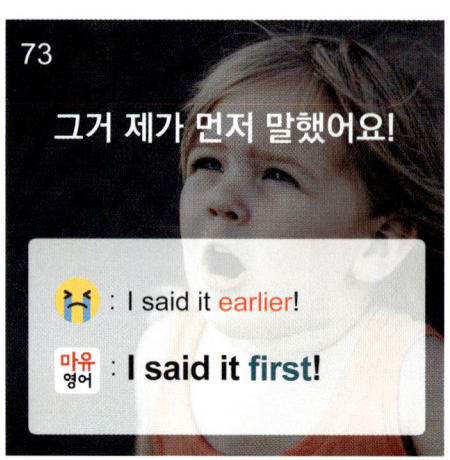

a. earlier = 전에
   예) As I said earlier,
   (내가 전에 말했듯이),

b. first = 먼저, 우선
   → 대개 문장 마지막에 위치.
   예) Who said it first?
   (그거 누가 먼저 말했어?)

예) My team finished it first. (우리 팀이 그거 먼저 끝냈어.)
   I have to use the bathroom first. (우선 나 화장실 좀 써야겠어.)

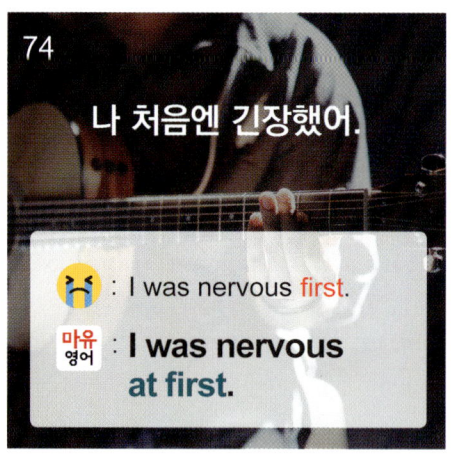

a. first = 먼저, 우선
   예) Who started the fight first?
   (누가 먼저 시비 걸었어?)

b. at first = 처음에는
   예) My boyfriend was shy at first. (내 남자친구가 처음엔 수줍었어.)

예) I didn't like you at first. (나 너 처음엔 싫어했어.)
   My boss was mean to me at first. (내 상사가 처음엔 나한테 못되게 굴었어.)

a. 오늘 (수요일) 바로 뒤에 오는 금요일
   = this Friday (이번 금요일)
   = this coming Friday
   (이번에 다가오는 금요일)

b. 그 금요일이 지난 다음 주 금요일
   = next Friday (다음 금요일)
   = next Friday, not this Friday
   (다음 금요일, 이번 금요일 말고)

예) I'll see you this coming Sunday. (이번에 오는 일요일에 봐.)
    Let's meet up next Monday, not this Monday. (다음 월요일에 보자, 이번 월요일 말고.)

a. 이쯤 하면 first가 뭔지 느낌이 와야 함 (#73, #74 참조).

b. for the first time = 처음으로
   예) I sang a song for the first time. (나 처음으로 노래 불러 봤어.)

예) I'm happy for the first time in my life. (나 내 인생에서 처음으로 행복해.)
    I'm driving for the first time. (나 처음으로 운전하는 거야.)

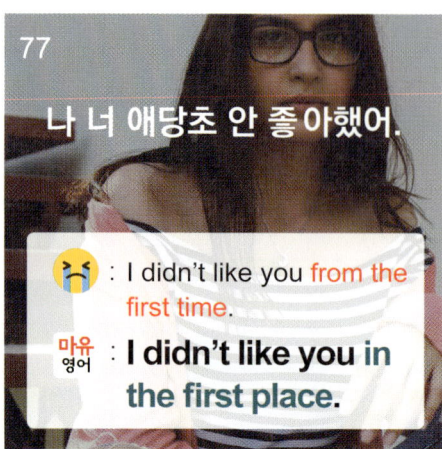

a. from the first time = 첫 순간부터
 → 뒤에 평서문이 필요함.
 예) from the first time + I met you (널 만난 첫 순간부터)

b. in the first place
 = 애당초, 진작에
 예) I was there in the first place.
 (나 애당초 거기 있었어.)

예) Why didn't you tell me in the first place? (왜 진작에 나한테 말 안 했어?)
 I shouldn't have met you in the first place. (널 애당초 만나지 말았어야 했어.)

a. at last = 마침내
 예) Superman is here at last!
 (마침내 슈퍼맨이 왔다!)

b. at the last minute = 막판에
 → 말 그대로 "마지막 순간에"
 예) I cancelled it at the last minute.
 (나 그거 막판에 취소했어.)

예) 박지성 scored the goal at the last minute. (박지성이 막판에 그 골을 넣었어.)
 I got there at the last minute. (나 거기 막판에 도착했어.)

79

그거 엄청 편해.
*물건 등이 사용하기에

: It's very comfortable.
: It's very convenient.

 백신

a. comfortable
  = (느낌이 편안하단 의미의) 편한
  예) This sofa is comfortable.
   (이 소파 편해.)

b. convenient
  = (쓰기 편리하단 의미의) 편한
  예) ATMs are convenient.
   (ATM은 편해.)

예) This mattress is not comfortable at all. (이 매트리스 전혀 안 편안해.)
 QR Codes are convenient. (QR 코드가 편리하지.)

80

나 지금 스피커폰이야?

: Am I a speaker phone?
: Am I on speaker phone?

 백신

a. 사람은 스피커폰이 되기 힘듦.

b. on speaker phone = 스피커폰으로 통화중인 (형용사)

c. 추가 : put someone on speaker phone = ~를 스피커폰으로 돌려놓다

예) You're on speaker phone. (너 스피커폰이야.)
 I put you on speaker phone. (내가 너 스피커폰으로 돌려놨어.)

[형용사/부사] 백신 109

응용만이 살길

주어진 한글 문장을 영어로 '입영작' 해 본 뒤 아래 정답을 확인하세요.

1. 너 다이어트 중이야?
2. 이 파스타는 서비스예요.
3. 네가 여자친구가 있다니 아쉽다.
4. 위층으로 가지 마!
5. 이 햄버거 맛있어?
6. 누가 먼저 울었어?
7. 나 처음엔 긴장 안 했어.
8. 너 이번 수요일에 나 좀 볼 수 있어?
9. 그들이 그 미팅을 막판에 미뤘어.
10. 스마트폰은 편리해.

#정답

1. Are you on a diet?
2. This pasta is on the house.
3. It's too bad you have a girlfriend.
4. Don't go upstairs!
5. Is this hamburger good?
6. Who cried first?
7. I wasn't nervous at first.
8. Can you see me this Wednesday?
9. They postponed the meeting at the last minute.
10. Smart phones are convenient.

# 3 [명사] 백신

몇 개나 맞는지 먼저 입영작해 보세요. ※ 충격과 공포 주의

걔 우리 스태프야.

　　　세트메뉴로 할게요.　　　　　내 남편은 로맨티스트.

　　　　　이거 A/S 되는 거예요?

이거 실화야.　　　　　　　　　스펙이 어떻게 되죠?

　　　나 원룸 살아.

　　　　　　　　나 닭살 돋았잖아.

　　견인차 불러 주세요.

　　　　　　　　(남자에게) 무슨 향수 써?

[명사] 백신

1 → 20

I'm a sports car mania.
나 스포츠카 매니아야.

"이게 틀려요?"
틀려요. 왜냐하면…

a. cop (경찰관)을 호칭으로 부르는 것은 어색하고 무례함.

b. cop은 직업 명으로만 사용.
   예) I want to be a cop.
       (나 경찰관 되고 싶어.)

c. 호칭으로는 police officer 혹은 officer를 사용.

예) Hello, officer. (안녕하세요, 경찰관님.)
    There's a cop. (저기 경찰관이 있어.)

a. 황당하겠지만 영어에서 빵은 셀 수 없는 명사임.
   예) I want many breads. (×)

b. 빵의 수량을 나타내려면 다음과 같이 표현해야 함.
   빵 한 덩이 = a loaf of bread
   빵 한 조각 = a piece of bread
   / a slice of bread

예) I had bread for breakfast. (나 아침으로 빵 먹었어.)
    Women love bread. (여자들은 빵을 완전 좋아해.)

a. staff = 스태프 (단체)
　staff member = 스태프 한 명
　예) I'm a staff. (×)
　　　I'm a staff member. (○)

b. staffs란 단어를 보게 된다면
　여러 스태프 단체들로 이해.

예) Are you a staff member here? (여기 스태프세요?)
　I'm one of the staff. (전 그 스태프 중 하나예요.)

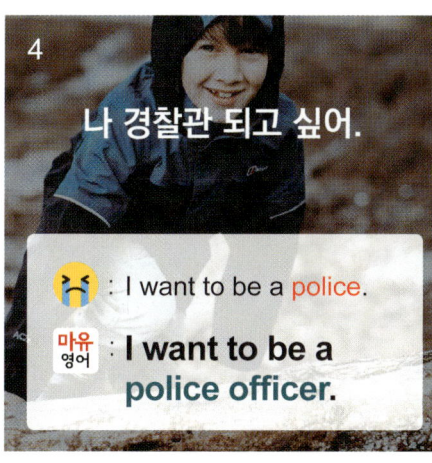

a. police = 경찰 단체 (경찰들)
　police officer / cop = 경찰관 한 명
　예) I'm a police. (×)
　　　I'm a police officer. (○)

b. police는 복수 취급.

예) My husband is a cop. (내 남편이 경찰이야.)
　Police say it's safe. (경찰은 그게 안전하다고 말합니다.)

5

a. 미국을 U.S.로 표기할 땐 앞에 무조건 the를 넣을 것.
예) U.S. (×) → the U.S. (○)

b. 미국을 America로 표기할 땐 the 필요 없음.
예) the U.S. = America

예) I've been living in the U.S. for 10 years. (나 10년째 미국에서 살아오고 있어.)
　　The U.S. is a country of 50 states. (미국은 50개 주로 된 나라야.)

6

a. romantist란 단어는 존재하지 않음.
→ romanticist, romancist, romancer는 사용 가능.

b. 현실적으로는 대부분 형용사 romantic (로맨틱한)을 사용.
예) My husband is romantic.
　　(내 남편은 로맨틱해.)

예) Your boyfriend is such a romanticist. (네 남친 완전 로맨티시스트다.)
　　I'm not romantic. (난 로맨틱하지 못해.)

a. lot = (특정 용도를 위한) 부지
   spot = (작은) 자리

b. parking lot = 주차장
   parking spot = (자동차 한 대) 주차 자리

예) There are many parking spots in this parking lot. (이 주차장 안에 주차 자리 많아.)
This parking lot is full. (이 주차장은 꽉 차 있어.)

a. mania = 미친 상태
   maniac = 미친 듯이 좋아하는 사람
   예) 나 K팝 광이야.
     I'm a K-pop mania. (×)
     I'm a K-pop maniac. (○)

b. 추가 : (명사) + crazy = (명사)에 미친

예) I'm a camera maniac. (난 카메라 광이야.)
I'm coffee crazy. (나 커피에 미쳐 있잖아.)

a. report = 성적표, 보고서

b. 우리가 학교에서 흔히 리포트라고 부르는 것은 paper나 essay를 사용.

c. paper = term paper를 줄인 말.

예) I have to write a 10-page essay. (나 10장짜리 리포트 써야 해.)
　　Help me with my paper. (나 리포트 쓰는 것 좀 도와줘.)

a. 유학, 어학 연수 도중에 너무나 많이 나오는 실수.

b. 자기 소유의 집이 아닌 이상 (렌트, 하숙, 홈 스테이 등) my house (내 집)이 아닌 my place (내가 사는 곳)으로 표현.

예) My place is around here. (나 사는 데 여기 근처야.)
　　I've never been to your place. (나 너 사는 데 한번도 안 가 봤어.)

a. appointment
   = (사람과의 공적인) 만남 약속
   예) 진료 예약, 상담 예약, etc.

b. plans
   = (사람과의 사적인) 만남 약속
   예) 친구와 만남 약속, 동아리 모임 약속, etc.

c. 복수형인 plans로 쓸 것.

예) I have plans for tomorrow. (나 내일 약속 있어.)
    I have a 3-o'clock appointment with Dr. Lee. (Lee(의사) 선생님이랑 3시 예약 있는데요.)

a. 잘못된 사전의 예:
   neighbor = 이웃
   neighborhood = 이웃
   이러니 헷갈릴 수밖에 없음.

b. 앞으로는:
   neighbor = 이웃 주민
   neighborhood = 이웃 동네

예) There are 3 neighbors in my neighborhood. (우리 이웃 동네에 이웃 주민이 셋이야.)
    One of my neighbors is a celebrity. (우리 이웃 주민 중 한 명이 유명인이야.)

[명사] 백신

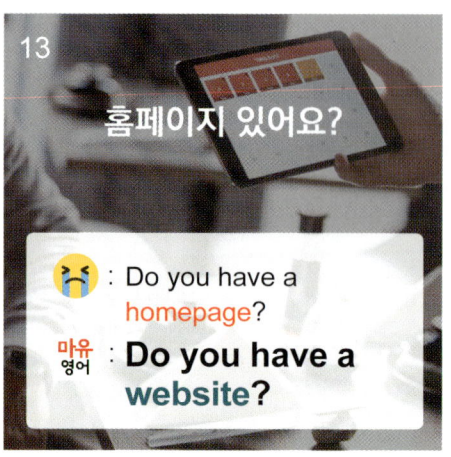

a. homepage는 website의 첫 페이지란 뜻일 뿐.

b. "Do you have a homepage?"란 말은 "첫 페이지 있어요?"란 어색한 질문이 되어 버림. 모든 웹 페이지에는 첫 페이지가 당연히 있음.

예) We don't have a website. (저희는 웹사이트가 없어요.)
What's your website address? (웹사이트 주소가 어떻게 되는데요?)

a. 바지 종류는 모두 복수로.
예) pants (바지) / shorts (반바지) / jeans (청바지) / leggings (레깅스)

b. 동사도 복수에 맞출 것.
예) My pants is … (×)
My pants are … (○)

예) These shorts are too short. (이 반바지 너무 짧아.)
Are these pants too tight for you? (이 바지 너한테 너무 꽉 껴?)

a. break = 휴식 시간
   brake = 자동차 브레이크

b. 두 단어의 발음이 같아 자주 나오는 스펠링 실수.

c. 추가 : hit the brake = 브레이크를 밟다

예) I have a brake. (자동차 브레이크 가지고 있어.)
   I have a break. (휴식 시간이 있어.)

a. set menu (세트메뉴)란 단어는 사용하지 않음.

b. meal이란 단어로 대체.
   예) I want the meal.
       (세트메뉴로 할게요.)

c. 그냥 번호로 주문해도 됨.
   예) I want one #1.
       (1번 세트 하나 할게요.)

예) Do you want the meal? (세트메뉴로 원하세요?)
   Let me get two #1s. (1번 세트 두 개 할게요.)

a. university와 college는 구체적인 차이가 있음에도 회화체에선 college란 단어가 선호됨.

b. 하지만 대학 명은 회화체에서도 University 사용.
   예) Columbia University
   (콜롬비아 대학교)

예) I go to college. (나 대학 다녀.)
　　When did you graduate from college? (너 언제 대학교 졸업했어?)

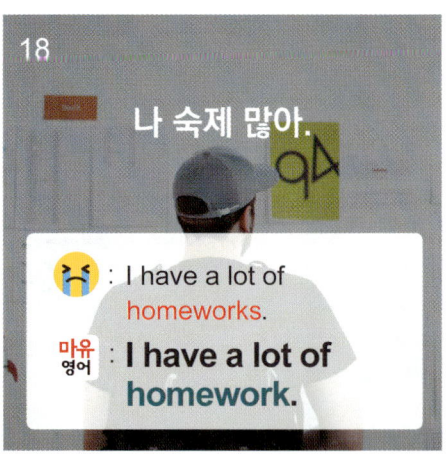

a. homework (숙제)는 셀 수 없음.

b. 세고 싶다면 assignment (과제)를 사용.
   예) I have three assignments.
   (나 과제가 세 개야.)

c. 참고로 work (일)도 셀 수 없음.

예) Where's all your homework? (네 숙제 다 어디 있니?)
　　I have a lot of work. (나 일이 많아.)

a. '새' 의미로의 닭은 셀 수 있음.
   예) There are many chickens in the yard.
   (뜰에 닭들이 많네.)

b. 음식으로의 닭은 셀 수 없음.
   예) Chicken is my favorite.
   (치킨이 최고 좋아.)

예) I can't live without chicken. (난 치킨 없인 못 살아.)
   Look at these chickens in the cage. (닭장 안의 이 닭들 좀 봐.)

a. 일단, 스펠링 차이
   desert = 사막
   dessert = 디저트

b. 다음, 강세와 발음 차이
   (이게 사실 더 중요)
   desert = [데절트]에 가깝게
   dessert = [드절트]에 가깝게

예) I was walking in the desert. (난 그 사막에서 걷고 있었지.)
   Do you have room for some dessert? (디저트 들어갈 배 있어?)

[명사] 백신

응용만이 살길

주어진 한글 문장을 영어로 '입영작' 해 본 뒤 아래 정답을 확인하세요.

1. 경찰관님!
2. 우리 부모님 미국에 사셔.
3. 내 남동생은 게임 매니아야.
4. 내 리포트 어디 있지?
5. 너 사는 곳 못 찾겠어.
6. 너 내일 약속 있어?
7. 마유가 내 이웃 주민이야.
8. 이 청바지 얼마예요?
9. 너 대학생이니?
10. 치킨이 날 살찌게 만들었어.

#정답

1. Police officer!
2. My parents live in the U.S.
3. My brother is a game maniac.
4. Where's my paper?
5. I can't find your place.
6. Do you have plans for tomorrow?
7. 마유 is my neighbor.
8. How much are these jeans?
9. Are you a college student?
10. Chicken made me fat.

[명사] 백신

21 → 40

Is this a real story?
이거 실화냐?

"이게 틀려요?"
틀려요. 왜냐하면…

21

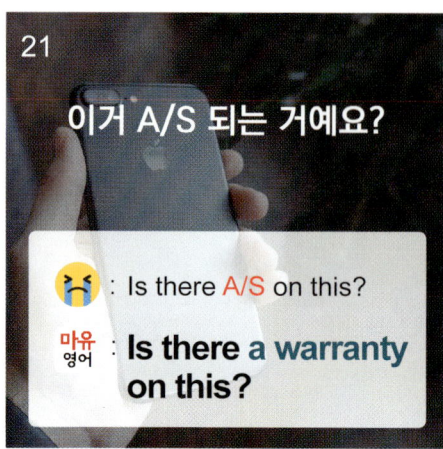

a. A/S (After Service) = 서비스 후에 ??? → 이게 뭔 말인가…

b. 앞으로는 warranty (품질 보증)을 사용.
  예) a two-year warranty
    (2년 품질 보증)
    a limited warranty
    (제한 품질 보증)

예) It comes with a one-year warranty. (그 물건은 1년 품질 보증이 딸려 나와요.)
  The warranty has expired. (품질 보증 기간이 만료되었습니다.)

22

a. 잦은 실수가 아니면 다루지 않았음.
  여자친구 = girl friend (×)
        girlfriend (○)
  남자친구 = boy friend (×)
        boyfriend (○)

b. 추가 :
  남자 사람 친구 = male friend
  여자 사람 친구 = female friend

예) I haven't had a girlfriend in my life. (나 모태솔로야.)
  Your boyfriend is hot. (네 남친 핫한데?)

a. student (학생)은 직업/신분으로 간주됨.

b. 대학 시절 얘기를 할 땐 직업/신분보다는 시절에 집중해야 하므로 When I was a college student (내가 대학생 땐)보단 When I was in college (내가 대학에 있을 땐) 사용.

예) When I was in college, I was popular. (대학 시절 땐 나 인기 있었어.)
　　When I was in high school, I used to eat a lot. (고등학교 시절 땐 나 많이 먹곤 했지.)

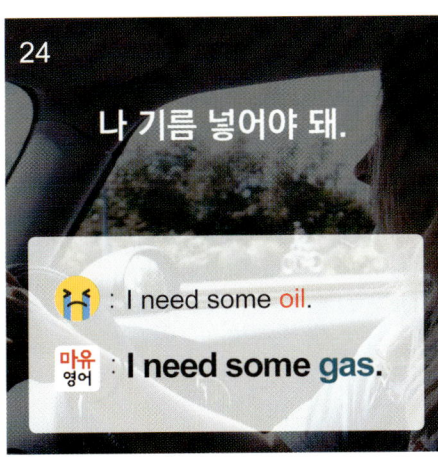

a. oil = 윤활유
　→ 엔진오일, 미션오일 등 부품을 원활히 움직이게 해 주는 기름.
　예) I need an oil change.
　　（엔진오일 교환해야 해요.)

b. gas = 휘발유
　→ 자동차 연료 gasoline을 줄인 말.

예) When did you change the engine oil? (엔진오일 언제 교환했어요?)
　　Gas is expensive these days. (요즘 기름이 비싸.)

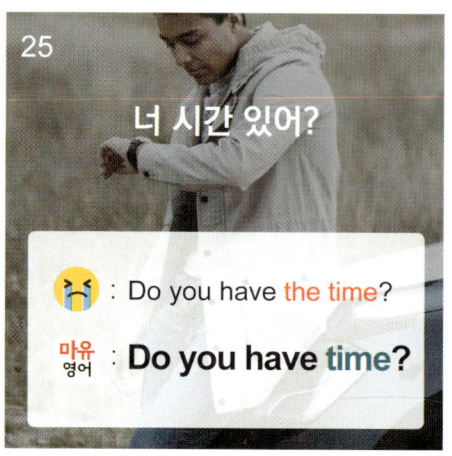

a. time = 시간
  예) Do you have time?
  (시간 있어요?)

b. the time = 시계
  예) Do you have the time?
  (시계 있어요? = 몇 시예요?)

c. 길에서 누가 "Do you have the time?" 이라고 물어보면 나한테 관심 있는 게 아님.

예) A: Do you have time? (시간 있으세요?)
    B: I'm sorry. I have a boyfriend. (미안해요. 저 남자친구 있어요.)

a. reservation
  = (장소나 물건에 대한) 예약
  예) 회의실 예약, 호텔방 예약, etc.

b. appointment
  = (사람과의 공적) 만남/약속
  예) 진료 예약, 상담 예약, etc.

예) Do you have an appointment with Professor Baek? (백 교수님과 예약 있으세요?)
    I reserved a table. (테이블 하나 예약했어.)

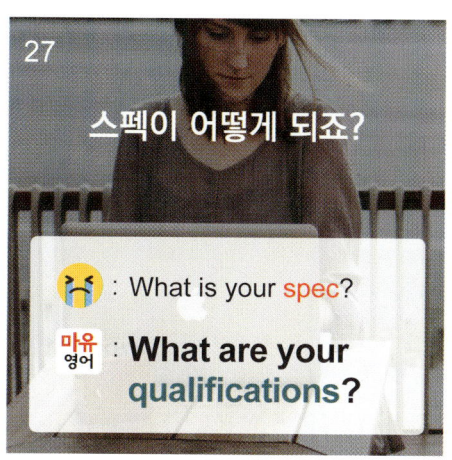

a. spec = (물건의) 사양
   → 심지어 specification의 잘못된 줄임말.

b. "What is your spec?"은 "당신 사양이 어떻게 되죠?"하는 격.

c. qualifications (자질, 자격 조건) 이 스펙에 가까운 명사.

예) You have enough qualifications for this job. (이 일을 할 충분한 자격 조건을 갖추셨군요.)
They all have necessary qualifications. (그들 모두 필수 자격 조건을 갖추고 있습니다.)

a. wedding = 결혼식
   예) How was your wedding?
   (네 결혼식 어땠어?)

b. marriage
   = 결혼이란 개념, 결혼 생활
   예) I need your advice on marriage. (결혼에 대한 네 조언이 필요해.)

예) Do you believe in marriage? (넌 결혼이란 걸 믿니?)
It was a beautiful wedding. (아름다운 결혼식이었어.)

[명사] 백신

a. you people이 you의 복수형인 건 맞지만 전달 방식에 따라 집단 전체를 비하하는 듯한 오해를 살 수도 있음.
  예) You people are weird.
  (당신네 부류는 괴상해.)

b. you의 복수형은 (특히 회화에서) 성별 상관없이 you guys 추천.

예) Are you guys busy? (여러분 바쁘세요?)
  I love you guys. (여러분 사랑해요.)

a. kill heels (킬힐)이란 단어는 존재하지 않음.

b. stilettos = 하이힐 중 특히 굽이 뾰족하고 매우 높은 것
  → [스틸레로씨]에 가깝게 발음.

c. 한 세트를 말할 땐 여느 신발과 마찬가지로 복수형을 사용.

예) How much are these stilettos? (이 킬힐 얼마예요?)
  Walking in stilettos is not easy. (킬힐 신고 걷는 거 안 쉽네.)

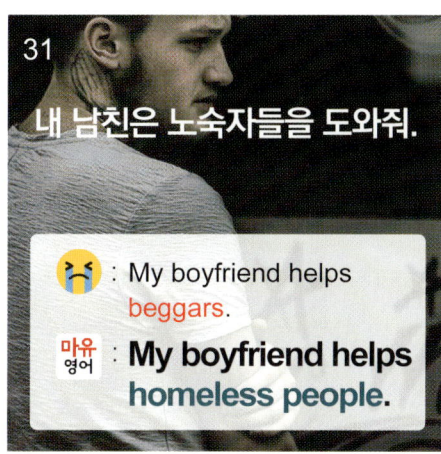

a. beggar는 사전에 "거지"란 뜻으로 기재되어 있지만
   1. 거의 글에만 쓰임.
   2. "거지"라는 단어 자체가 더 이상 선호되지 않음.

b. homeless person (노숙자)로 대체하는 추세.

예) I feel bad for the homeless person. (그 노숙자 안 됐어.)
There are many homeless people in Detroit. (Detroit엔 노숙자들이 많아.)

a. true story = 실제로 벌어진 이야기 → 실화

b. real story = 사실이 아닌 이야기들에 가려진 진짜 이야기
   예) This is the real story of global warming.
   (이것이 지구 온난화의 가려진 진짜 이야기입니다.)

예) I'm not sure if it's a true story. (그게 실화인지는 확신이 없어.)
This movie is based on a true story. (이 영화는 실화를 바탕으로 한 것입니다.)

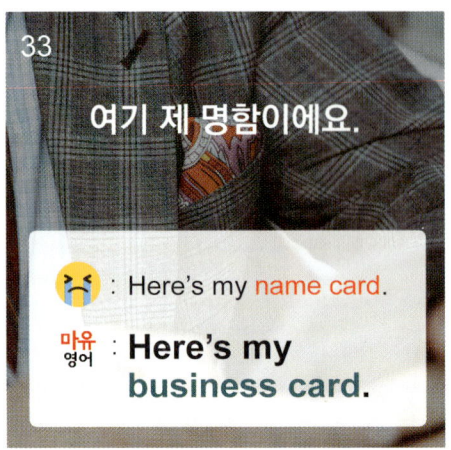

a. name card = 명함
   business card = 사업용 명함

b. business card도 name card의 일종이긴 하지만 여전히 비즈니스 환경에서는 business card가 명함으로 굳어짐.

예) Do you have a business card? (명함 가지고 계세요?)
    I forgot my business card. (제가 명함을 잊었네요.)

a. doctor's office = 보통 하나의 전문 분야를 다루는 동네 병원
   → 의사 수가 적은 편.
   hospital = 여러 분야를 다루는 종합병원
   → 의사 수가 많은 편.

b. 확신이 없을 땐 see a doctor (의사를 만나보다/진찰받다)를 사용하면 실수할 이유가 없음.

예) I went to a hospital for a checkup. (정기검진 받으러 큰 병원 갔었어.)
    Go see a doctor. (가서 의사를 만나 봐/진찰을 받아 봐.)

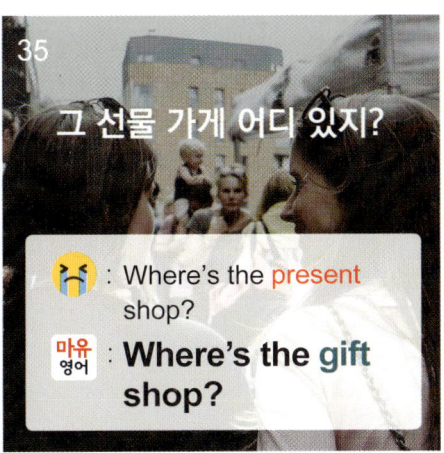

a. present = 선물
   → 대부분 단독으로 쓰고 명사 앞에선 안 씀.
   예) present (○)
       present shop (×)

b. gift = 선물
   → 단독으로도 쓰고 명사 앞에도 씀.
   예) gift (○) / gift shop (○)

예) Do you have gift wrap? (선물 포장지 있어요?)
    I have a present for you. (널 위한 선물이 있지.)

a. one이 "것"이란 대명사로 쓰일 땐 엄연히 셀 수 있는 명사로 다뤄 줄 것.

b. 앞에 a/an/the/this/that 등을 넣어 주거나 복수로 사용.
   예) a good one (좋은 것)
       light ones (가벼운 것들)
       the pink one (그 핑크색의 것)

예) Do you have a bigger one? (더 큰 거 있어요?)
    I like these silver ones. (난 이 은색으로 된 것들이 맘에 들어.)

[명사] 백신

a. mistake (실수)와 fault (잘못)은 한국어로도 엄연히 다른 단어임에도 꾸준히 나오는 실수.
예) 실수는 신입사원이 했지만 근본적인 잘못은 교육을 제대로 못한 상사에게 있을 수 있음.

예) It's not your fault. (그거 네 잘못 아니야.)
   A mistake happened and it's my fault. (실수가 벌어졌고 그건 내 잘못이야.)

a. superior (officer)는 사전에 "직장상사"로 기재되어 있으나 지나치게 형식적이며 사용 빈도가 극도로 낮음.

b. 앞으로는 boss 혹은 supervisor를 추천.

예) Who's your boss? (네 직장상사가 누구야?)
   I hate my supervisor. (난 내 상사가 너무 싫어.)

a. mother-tongue (모국어)가 틀린 단어는 아니지만 회화체보단 글에서 많이 보게 될 단어.

b. 나머지 옵션인 native language와 first language 중 모국어란 뜻에 더욱 충실한 native language를 강력 추천.

예) Korean is my native language. (한국어가 제 모국어예요.)
　　Is English your native language? (영어가 모국어예요?)

a. studio = 방은 없고 거실만 있는 구조
　→ 국내에서 흔히 one room (원룸)으로 알려진 구조.

b. one-bedroom apartment
　= 거실에 방이 하나 추가된 구조
　→ 원룸이라고 하면 이것과 헷갈릴 수 있음.

예) Do you live in a studio? (너 원룸 살아?)
　　One-bedroom apartments are cheap here. (여기 방 하나 있는 아파트들 싸.)

[명사] 백신

응용만이 살길

주어진 한글 문장을 영어로 '입영작' 해 본 뒤 아래 정답을 확인하세요.

1. 나 대학 시절 땐 뚱뚱했었어.
2. 한국에서는 휘발유 비싸?
3. 너 내일 시간 있어?
4. 언제가 네 결혼식이야?
5. 너희들 시간 있니?
6. 나 섹시한 킬힐 샀어.
7. 이거 실화니?
8. 당신 명함 좀 받을 수 있을까요?
9. 난 그게 네 잘못이라고 생각 안 해.
10. 내 모국어는 프랑스어야.

#정답

1. When I was in college, I was fat.
2. Is gas expensive in Korea?
3. Do you have time tomorrow?
4. When is your wedding?
5. Do you guys have time?
6. I bought sexy stilettos.
7. Is this a true story?
8. Can I get your business card?
9. I don't think it's your fault.
10. My native language is French.

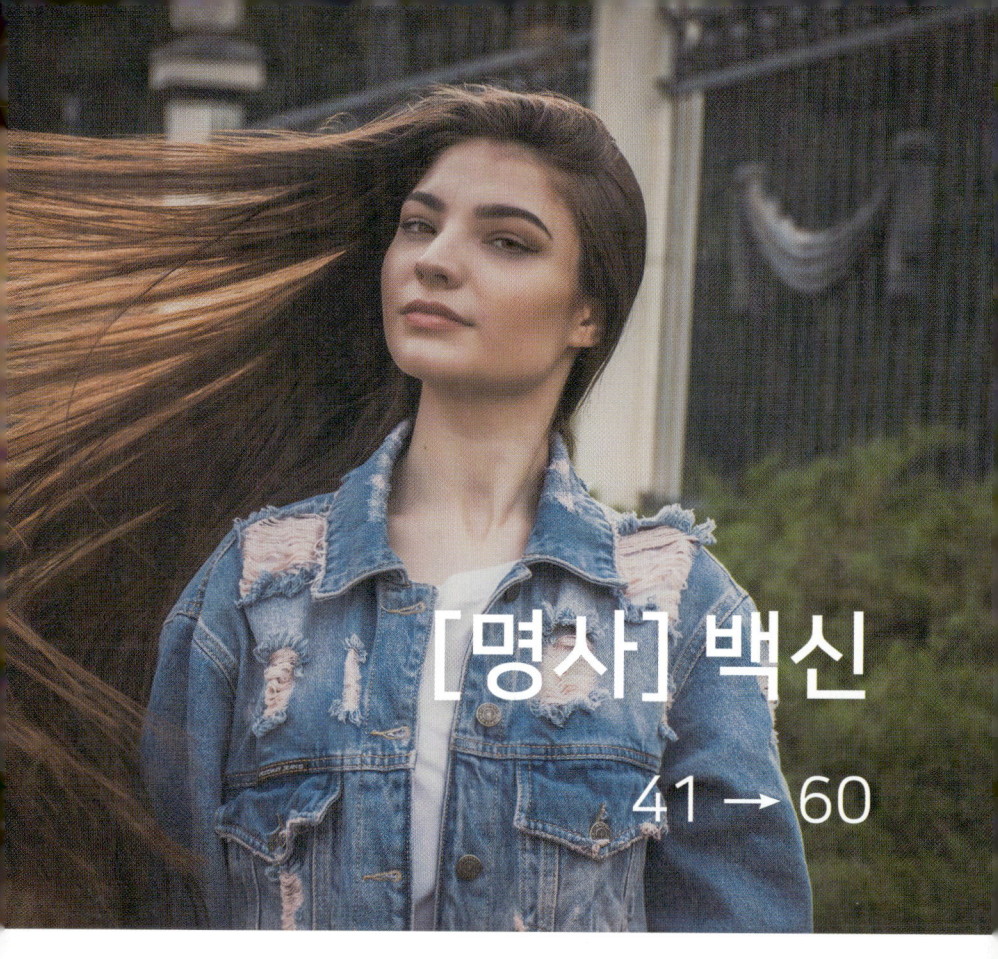

[명사] 백신

41 → 60

You're my style.
넌 내 스타일이야.

"이게 틀려요?"
틀려요. 왜냐하면…

a. 커플은 두 명이 구성하지만 결론적으로 하나의 그룹임.
따라서, 단수 취급.
예) There's only one couple here.
(여기 커플 하나 뿐이야.)

b. couples는 여러 커플을 나타냄.

예) You two are a cute couple. (너희 둘, 귀여운 커플이야.)
There are too many couples here. (여기 커플들이 너무 많아.)

a. chicken skin은 실제로 Keratosis Pilaris (모공성각화증)이란 질환의 이름.

b. 닭살은 goose bumps (거위 피부)라고 표현.
닭살은 덜렁 하나만 돋지 않으므로 복수로 사용.

c. chills (소름)도 사용 가능.

예) Do you see these goose bumps? (이 닭살 보여?)
I just got chills! (소름이 쫙 돋았어!)

43

그건 그냥 워밍업이었어.

😭 : It was just warming up.

마유영어 : It was just a warm-up.

 백신

a. a warm-up = 워밍업 (명사)

b. 기존에 쓰던 warming up은 warm up (워밍업 하다)란 동사의 진행형으로만 사용.
   예) I'm warming up now.
       (나 지금 워밍업 중이야.)

예) Stretching is a great warm-up. (스트레칭 하는 게 정말 좋은 워밍업이야.)
   I'm warming up the engine. (엔진 워밍업 중이야.)

44

엄청난 수영 실력을 가졌군.

😭 : You have a great swimming skill.

마유영어 : You have great swimming skills.

 백신

a. 뭔가에 대한 실력은 보통 하나 이상의 기술로 이루어져 있기 때문에, 복수로 쓰는 것을 매우 추천.
   예) speaking skills
       (말하기 실력)

b. 구체적인 기술 하나는 단수로 써도 됨.

예) Amy has excellent writing skills. (Amy는 엄청난 쓰기 실력을 가졌어.)
   I want to improve my English skills. (나 영어 실력 좀 향상시키고 싶어.)

45

a. 마마보이처럼 영어가 외래어로 전환되면서 's 혹은 s가 소리 소문 없이 실종되는 경우가 많으므로 주의.
   예) McDonald (×)
       McDonald's (○)
       Congratulation (×)
       Congratulations (○)

예) Ally married a mama's boy. (Ally는 마마보이랑 결혼했어.)
    He'll always be a mama's boy. (걔는 항상 마마보이일 거야.)

46

a. ice cream의 외래어 표기가 아이스크림처럼 한 단어로 되어 있어 10명 중 거의 8명이 하는 띄어쓰기 실수.

b. #22 girlfriend의 케이스도 참고할 것.

예) I'm craving some ice cream. (아이스크림 당기는데?)
    How about some ice cream for dessert? (디저트로 아이스크림 어때?)

47

Juliet은 내 직장동료야.

😭 : Juliet is my co-employee.

마유영어 : **Juliet is my coworker.**

 백신

a. co-employee (함께 고용된 사람)은 직장동료끼리 서로를 언급할 때 쓰기엔 너무 딱딱함.

b. coworker (함께 일하는 사람)은 지위의 높고 낮음에 상관없이 부를 수 있어 강력 추천.

c. 좀 더 격식 있게 colleague도 사용 가능.

예) My coworkers are all nice. (내 직장동료들은 다 착해.)
She is my wife as well as my coworker. (그녀는 내 직장동료이자 아내야.)

48

견인차 불러주세요.

😭 : Please call a wreck car.

마유영어 : **Please call a tow truck.**

 백신

a. wreck (부수다) + car (자동차)
= wreck car (부수다 자동차!) 무서운 자동차가 되어 버림.

b. tow (견인) + truck (트럭)
= tow truck (견인트럭)

c. 참고로 tow away는 "견인해 가다."

예) The tow truck is here. (견인트럭이 왔네요.)
They towed away my car. (그들이 내 차를 견인해 갔어.)

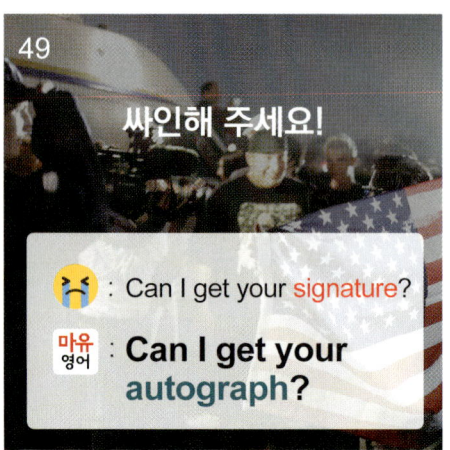

a. signature = (법적 효력이 있는) 서명 → 계약서, 청구서 등에

b. autograph = (유명인의) 싸인 → 책이나 CD에 해 주는 것

c. 연예인에게 "Can I get your signature?" 하면 "오빠 서명해 주세요!" 하는 격.

예) I need your signature here. (여기에 손님 서명이 필요합니다.)
　　I got Elton John's autograph. (나 Elton John한테 싸인 받았어.)

a. "I'm hot."은 더위를 느끼는 "나"에 집중하는 표현.
　→ 말은 되지만 "난 매력적이야."로 오해할 수도 있음.

b. 날씨는 주어를 it으로 잡을 것.
　예) It's cold. (추워.)
　　　It's raining. (비 오네.)

예) It's chilly today. (오늘 쌀쌀해.)
　　Is it still snowing outside? (밖에 아직도 눈 와?)

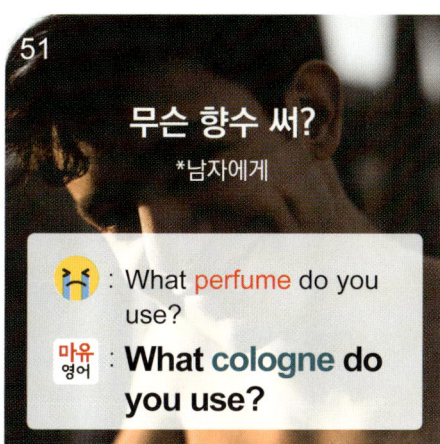

a. perfume과 cologne은 둘 다 향수 타입이며 전문적인 차이가 있음.

b. 그런 전문적 차이에도 불구하고 보통 perfume은 여성용, cologne은 남성용이란 인식이 지배적이며 실제 그렇게 쓰임.

c. [컬로운]에 가깝게 발음.

예) Thomas bought his cologne for $50. (Thomas는 자기 향수를 50달러에 샀어.)
Theresa is wearing a sweet perfume. (Theresa가 달콤한 향수를 뿌렸네.)

a. style은 물건 (특히, 옷) 혹은 아이디어에 사용.
  예) 치마, 노래, 인테리어 디자인 등

b. 사람이 자기 스타일(이상형)이라고 할 땐 type을 사용.
  예) You're my type.
    (넌 내 스타일이야.)

예) Olivia is totally my type. (Olivia 완전 내 이상형이야.)
Am I your type? (내가 당신 스타일인가요?)

a. cook = 요리사
   cooker = 밥통
   예) The cook is using a cooker. (그 요리사가 밥통을 사용하고 있어.)

b. 잘못 쓰면 남편이 밥통이 될 수도 있음.

c. rice cooker (밥통)도 같은 의미.

예) My boyfriend is a good cook. (내 남친 요리 잘해.)
I'm a terrible cook. (나 요리 심하게 못해.)

a. purpose = 어떤 행동의 근본적인 의도 → 왜
   예) 영어 공부의 purpose → 외국인과의 말싸움에서 지지 않기 위해.

b. goal = 그 행동으로 얻고자 하는 최종 목표 → 무엇
   예) 영어 공부의 goal → 심지어 욕마저도 영어로 술술 하는 실력.

예) The purpose of this diet is to become healthy. (이 다이어트의 의도는 건강해지는 거야.)
And my goal is to lose 10kgs. (그리고 내 최종 목표는 10kgs를 빼는 거지.)

a. basketball 앞에 a/the/this/my 등이 붙으면 셀 수 있는 명사인 "농구공"이 됨.

b. 붙지 않으면 셀 수 없는 명사 "농구"가 됨.

c. baseball (야구)와 football (미식축구)도 마찬가지.

예) Is this your basketball? (이거 네 농구공이야?)
　　I'm good at basketball. (나 농구 잘해.)

a. rent 자체만으로도 "월세"란 의미.
　예) The rent is expensive here. (여기 월세 비싸.)

b. fee (수수료) 단어를 추가할 이유가 없음.
　예) The rent fee is cheap. (×)

예) I forgot to pay this month's rent! (이번 달 월세 내는 거 깜박했어!)
　　When is the rent due? (월세 언제까지 내야 해요?)

a. chair = 의자
   seat = 좌석 (자리라는 개념적 의미)
   예) 공연장 seats가 모자라서 밖에서 chairs를 급조해 옴. 비행기, 자동차, 영화관 좌석 모두 seats.

예) I think this is my seat. (이거 제 자리 같은데요.)
   I can't find my seat. (제 좌석을 못 찾겠어요.)

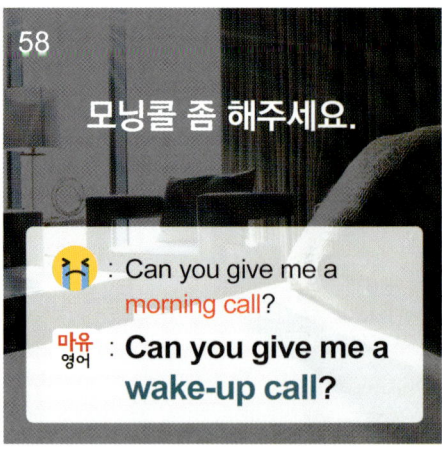

a. 전화로 깨워 주는 서비스는 아침 말고도 가능하므로 morning이란 단어를 넣지 않음.
   대신, wake-up (깨움)을 사용.

b. give someone a wake-up call
   = ~를 전화로 깨워 주다

예) We can give you a wake-up call. (전화로 깨워드릴 수 있어요.)
   I would like a wake-up call at 7. (7시에 전화로 깨워 주세요.)

a. 본사는 headquarters처럼 -s를 붙여 쓰고 취급은 단수로 함.
   예) Our headquarters is in Busan. (저희 본사는 부산에 있습니다.)

b. -s 없이 쓰는 경우도 아주 드물게 있음.

예) Where's your headquarters located? (본사가 어디에 위치해 있죠?)
    Our headquarters recently moved to Tokyo. (저희 본사는 최근 Tokyo로 이전했습니다.)

a. 비닐봉지
   = vinyl bag (×)
     plastic bag (○)

b. 종이봉투
   = paper bag / brown bag

c. 편의상 plastic / paper로 줄여서 부름.

예) Can I get an extra plastic bag? (비닐봉지 하나 더 주실 수 있어요?)
    Paper or plastic? (종이봉투 드려요, 비닐봉지 드려요?)

[명사] 백신   147

응용만이 살길

주어진 한글 문장을 영어로 '입영작' 해 본 뒤 아래 정답을 확인하세요.

1. 너희들 커플이야?
2. 그녀는 대단한 말하기 실력을 가졌어.
3. Amy는 내 직장동료가 아니야.
4. 견인차 필요하세요?
5. 제 싸인을 원하세요?
6. 이 남자 향수는 너무 비싸.
7. 너 완전 내 이상형이야.
8. 내 목표는 일본어를 말하는 거야.
9. 빈 좌석이 하나 있어!
10. 비닐봉지 필요 없어요.

#정답

1. Are you guys a couple?
2. She has good speaking skills.
3. Amy is not my coworker.
4. Do you need a tow truck?
5. Do you want my autograph?
6. This cologne is too expensive.
7. You are totally my type.
8. My goal is to speak Japanese.
9. There's an empty seat!
10. I don't need a plastic bag.

[명사] 백신

61 → 80

You have no manner.
매너가 없으시네요.

"이게 틀려요?"
틀려요. 왜냐하면…

a. steward (남자 승무원) / stewardess (여자 승무원)보다 남녀 성별에 상관없이 쓰는 flight attendant가 선호됨.

b. 비행기 내에선 crew member 라고도 자주 사용.

예) I want to be a flight attendant someday. (언젠가 승무원이 되고 싶어.)
　　She married a flight attendant. (그녀는 승무원이랑 결혼했어.)

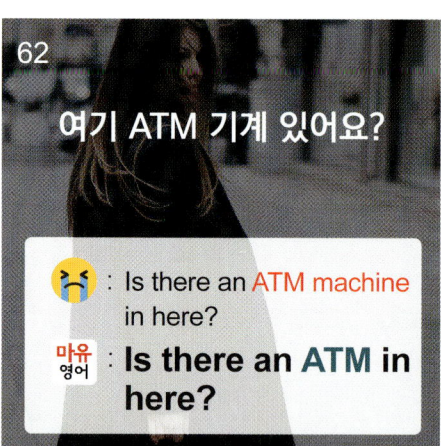

a. ATM (Automatic Teller Machine)이란 줄임말 자체에 machine이란 단어가 포함됨.

b. ATM machine은 "Automatic Teller Machine machine"이라고 하는 격.

예) Is there an ATM around here? (이 근처에 ATM 있어요?)
　　There's an ATM across the street. (길 건너에 ATM 있어요.)

a. manners (복수)로 써야 "매너/예의"의 뜻.
   예) a man with good manners
   (매너가 좋은 남자)

b. manner (단수)로 쓰면 "방식"이란 뜻.
   예) an efficient manner
   (효과적인 방식)

예) Your friend has good manners. (네 친구 매너가 좋더라.)
   Do you know anything about manners? (너 매너가 뭔지 알긴 하니?)

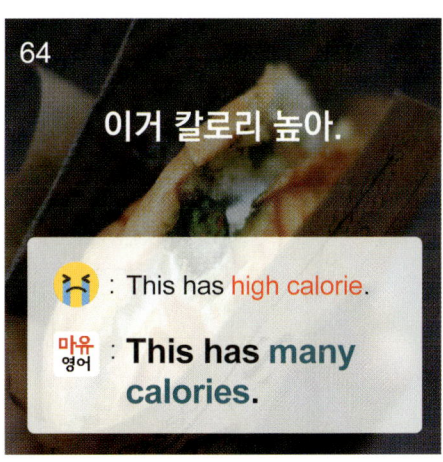

a. 믿기지 않겠지만 영어에서 칼로리는 엄연히 셀 수 있는 명사이므로 1 칼로리가 넘으면 당연히 복수로 쓸 것.
   예) 1 calorie = 1 칼로리
   75 calories = 75 칼로리

b. 또, 높은 (high) 칼로리가 아니라 많은 (many) 칼로리임.

예) How many calories does it have? (그거 몇 칼로리야?)
   It has 350 calories. (그거 350 칼로리야.)

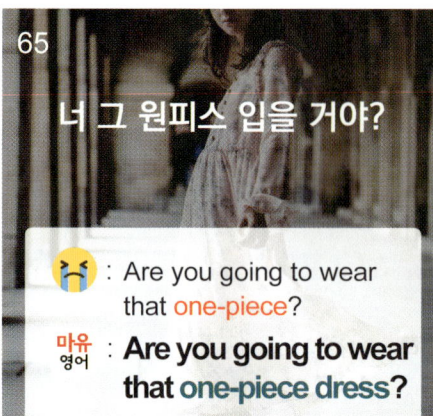

a. piece = 단순히 옷을 세는 단위
   one-piece = 한 벌로 된 (형용사)

b. one-piece 뒤에 옷 종류를 넣어야만 "한 벌로 된 옷"이란 명사가 됨.
   예) one-piece costume
       (한 벌로 된 코스튬)

예) I love this pink one-piece dress. (이 핑크색 원피스 너무 맘에 들어.)
    How many pieces do you have? (몇 벌 가지고 계시죠?) *피팅룸에서 직원의 질문

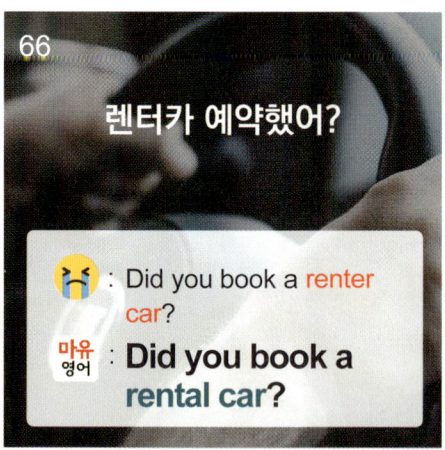

a. 대여용 자동차는 renter car가 아닌 rental car가 맞는 단어.

b. 이런 참사가 벌어진 순서를 대략 추측해 보면 rent a car (자동차를 대여하다) → 렌트 어 카 → 렌터카 → renter car.

예) I already booked a rental car. (나 벌써 렌터카 예약했어.)
    Rental cars are expensive in New York. (New York에서는 렌터카가 비싸.)

a. baggage / luggage = 짐
  → 둘 다 셀 수 없는 명사.
  예) 2 baggages (×)
    3 luggages (×)

b. 셀 수 있으려면 bag (짐 가방)으로 바꿀 것.
  예) 2 baggages (×)
    2 bags (○)

예) How many bags do you have? (짐 가방이 몇 개죠?)
  I'm taking only one bag on the plane. (비행기에 짐 가방 하나만 가져가요.)

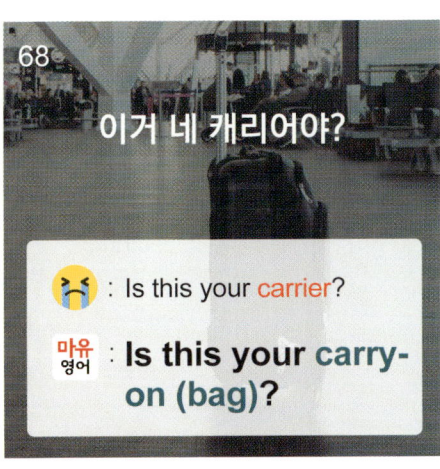

a. 여행 가방 = carrier (×)
         carry-on (bag) (○)
  → carrier와 carry-on의 발음이 비슷해서 벌어진 실수로 추정.

b. suitcase 혹은 travel bag 역시 추천.

c. 충격 : carrier bag = 쇼핑한 물건을 넣어 주는 쇼핑백

예) How many suitcases do you have? (여행 가방 몇 개 가지고 계시죠?)
  I've lost my carry-on bag. (저 캐리어 잃어 버렸어요.)

a. punk는 남자들끼리 서로 무시하듯 부르는 호칭.
   그나마 순화해서 "머저리"에 가까운 느낌.

b. I have a punk tire. = 난 머저리 타이어를 가지고 있어.
   → 말도 안 되는 문장.

c. flat tire = 펑크 난 타이어

예) How many flat tires do you have? (펑크 난 타이어가 몇 개예요?)
    The front tires are both flat. (앞 타이어 모두 펑크 났어요.)

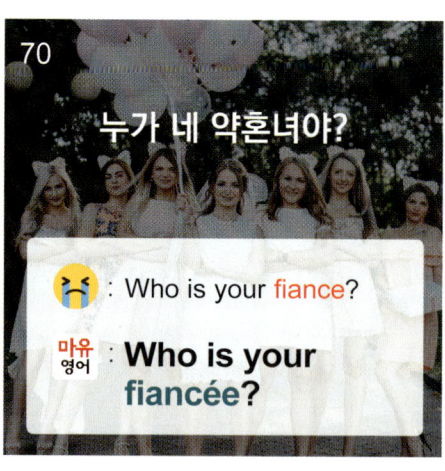

a. fiance = 약혼남
   fiancée = 약혼녀

b. 둘 다 발음은 [fi안쎄이]에 가깝게.

예) Greg and his fiancée bought a house. (Greg이랑 걔 약혼녀가 집을 샀어.)
    Is your fiance a doctor? (네 약혼남이 의사야?)

71

약을 복용하셔야 합니다.

😭 : You must take drugs.

마유영어 : You must take medicine.

 백신

a. drugs와 medicine은 둘 다 "약"을 의미하고 서로 대체하여 쓰는 지역도 있지만 drugs는 흐름에 따라 "마약"으로 받아들여질 수도 있음.

b. "일반 약"은 medicine을 쓰는 게 안전함.

예) I've been taking medicine for a week. (일주일째 약 복용 중이에요.)
It's time to take your medicine. (너 약 먹을 시간이다.)

72

그 상 누가 탔는데?

😭 : Who won the prize?

마유영어 : Who won the award?

 백신

a. prize = (콘테스트 등에서 경쟁하여 받는) 상
→ 상의 금전적 가치가 높은 편.
예) 이벤트 응모 상품

b. award = (업적에 대한 칭찬으로 받는) 상
→ 상의 상징적 가치가 높은 편.
예) 아카데미 주연 상

c. 서로 대체되어 쓰이는 경우도 종종 있음.

예) The top prize is a plane ticket to Las Vegas! (1등 상이 Las Vegas행 비행기표야!)
김혜수 won the award again! (김혜수가 그 상을 또 탔어!)

[명사] 백신

a. crew = 크루 단체
   crew member = 크루 한 명
   예) I'm a crew. (×)
       I'm a crew member. (○)

b. crews란 단어가 보이면 여러 크루 단체들이란 의미.

예) Are you a crew member here? (여기 크루세요?)
    I'm one of the crew. (전 그 크루 중 한 명이에요.)

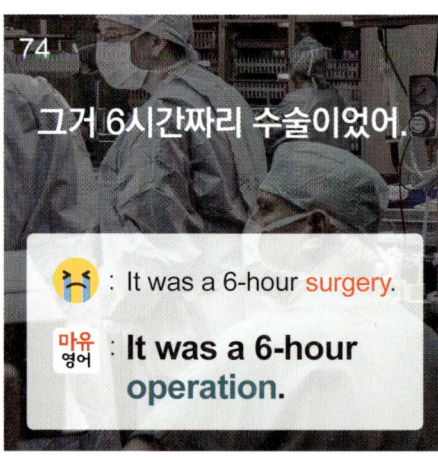

a. surgery = 수술
   → 수술이라는 개념 / 셀 수 없음.

b. operation = 수술
   → 실제 수술 행위 / 셀 수 있음.

c. 팔목에 염증이 있어 surgery가 필요함 → 수술 개념.
   그래서 염증을 제거하는 1시간 짜리 operation을 받음 → 수술 행위.

예) An operation was performed to remove the tumor. (그 종양을 제거하기 위해 수술이 진행됐어.)
    You might need surgery. (수술이 필요할 지도 모릅니다.)

a. egg (달걀) + scramble (뒤죽박죽 섞다) = egg scramble (달걀 뒤죽박죽 섞다!?!)

b. scrambled (뒤죽박죽 섞인) + eggs (달걀들) = scrambled eggs (○)

예) They make good scrambled eggs here. (여기 scrambled eggs 잘 만들어.)
Let me get the scrambled eggs. (전 scrambled eggs 주세요.)

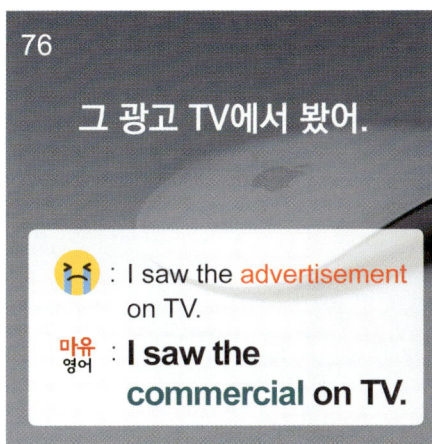

a. advertisement = (신문, 잡지 등의) 광고

b. commercial = (TV, 라디오 등의) 영상/음성 광고

c. advertisement로 commercial을 대체하는 경우도 간혹 있음.

예) Where did you see our advertisement? (저희 광고 어디서 보셨어요?)
Did you watch the new Pepsi commercial? (새로 나온 Pepsi 광고 봤어?)

a. news = 소식, 뉴스
   → 셀 수 없는 명사
   예) 뉴스가 많아.
   There are many news. (×)
   There's a lot of news. (○)

b. 하나의 소식이나 뉴스거리는
   a piece of news 사용.
   → 흔한 사용은 아님.

예) We have breaking news. (뉴스 속보가 있습니다.)
   I saw it on the news. (그거 뉴스에서 봤어.)

a. dude (친구)는 보통 남자들끼리 서로를 부르는 호칭.

b. 여자들끼리는 girl 혹은 이름을 부르는 게 자연스러움.
   예) Are you okay, girl?
   (괜찮아, 친구야?)
   What's up, Hannah?
   (안녕, Hannah?)

예) What's going on, dude? (어떻게 지내냐, 친구?) * 남자에게
   How is it going, Helen? (어떻게 지내, Helen?)

a. 뭔가를 단발성이 아니라 매번 한다면 시기나 날짜를 복수로 사용.

  예) I go clubbing on Fridays.
  (나 금요일마다 클럽에 가.)
  I stay home on weekends.
  (나 주말마다 집에 있어.)

예) What do you do on Tuesdays? (화요일마다 뭐해?)
I meet up with my study members on Saturdays. (나 토요일마다 스터디 멤버들 만나.)

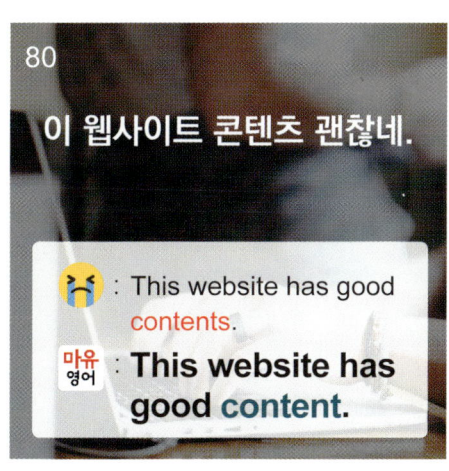

a. content = 내용
  → 집합적 / 셀 수 없음.
  예) 영화 내용, 스피치 내용 등

b. contents = 들어간 내용물, 목차
  → 개별적 / 셀 수 있음.
  예) 가방 안의 내용물, 문법책의 목차 등

예) You need good content to attract viewers. (시청자들을 끌려면 좋은 콘텐츠가 필요해.)
We are an online content provider. (저희는 온라인 콘텐츠 제공 업체입니다.)

응용만이 살길

주어진 한글 문장을 영어로 '입영작' 해 본 뒤 아래 정답을 확인하세요.

1. 내 딸은 승무원이야.
2. 내 남친은 매너가 없어.
3. 이 스낵은 800 칼로리야.
4. 나 새 캐리어 샀어.
5. 네 약혼녀 예쁘다!
6. 저는 약을 복용하긴 싫어요.
7. 당신은 수술이 필요 없어요.
8. 나 그 광고 7번 채널에서 봤어.
9. 좋은 소식 가지고 있니?
10. 나 월요일마다 학교 가.

#정답

1. My daughter is a flight attendant.
2. My boyfriend has no manners.
3. This snack has 800 calories.
4. I bought a new carry-on (bag).
5. Your fiancée is pretty!
6. I don't want to take medicine.
7. You don't need surgery.
8. I saw the commercial on channel 7.
9. Do you have good news?
10. I go to school on Mondays.

4 [전치사/관사/기타] 백신

몇 개나 맞는지 먼저 입영작해 보세요. ※ 충격과 공포 주의

나 TV에서 정우성 봤잖아.

　　　　　　　　인스타에서 네 사진 봤어.

　나 그거 100달러에 샀어.

　　　이것 좀 출력해 줘,

　　　　　　　　　　　너 몸무게 몇이야?

절대 안 돼!

　　신께 맹세해.

　　　　abc@xyz.com으로 이메일 주세요.

내가 낄 자리가 있니?

　　　　　　　　　　　조용히 해 쫌!

[전치사/관사/기타] 백신
1 → 20

I got A.
나 A 받았어.

"이게 틀려요?"
틀려요. 왜냐하면…

a. "TV에서"를 "in TV"로 쓰면 정우성이 TV 박스 안에 들어가 앉아 있다는 의미임.

b. TV와 channel은 on과 함께 써야 "~에서"란 느낌.
예) on TV (TV에서)
　　on channel 11
　　(11번 채널에서)

예) I don't want to see her on TV. (나 쟤 TV에서 보기 싫어.)
　　Did you see me on channel 7? (너 7번 채널에서 나 봤어?)

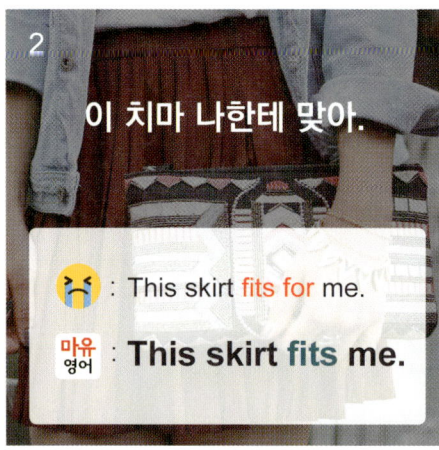

a. fit (사이즈가 맞다)는 이미 "~에게" 란 의미를 포함하므로 for나 to 없이 사용.
예) It fits for/to me. (×)
　　It fits me. (○)

b. fit은 과거형도 fit.

예) It doesn't fit me. (그거 나한테 안 맞아.)
　　This might fit you. (이거 너한테 맞을지도 몰라.)

3

a. 알파벳으로 된 점수는 a/an이 필요함.
   예) an A / a B / a C / a D / an F
   *a F가 아니라 an F임을 주의.

b. 숫자로 된 점수는 a/an 필요 無.
   예) I got 100.
      (나 100점 받았어.)

예) I need an A. (나 A가 필요해.)
   Did you get 80? (너 80점 받았어?)

4

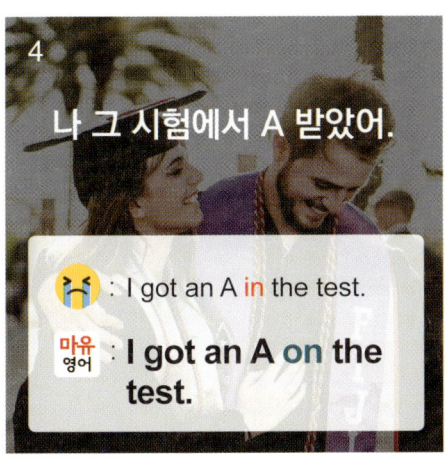

a. on the test = 시험에서
   예) I need an A on the test.
      (나 그 시험에서 A 받아야 해.)

b. in the class = 수업에서
   예) I got a B in the class.
      (나 그 수업에서 B 받았어.)

예) I got an F on the math test. (나 그 수학 시험에서 F 받았잖아.)
   What did you get in the physics class? (너 그 물리학 수업에서 뭐 받았어?)

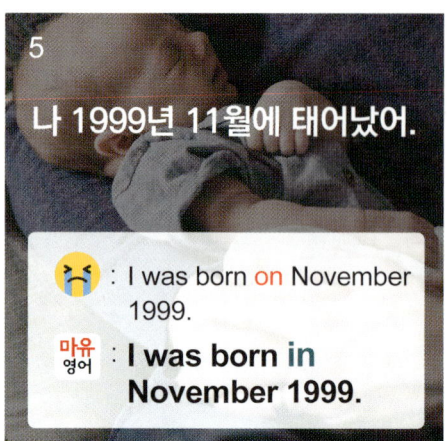

a. 월과 년도 앞에는 in을 사용해야 "~에"란 느낌.

b. 예) in March (3월에)
　　 in 2050 (2050년에)
　　 in March 2050
　　 (2050년 3월에)

예) I was born in 1999. (나 1999년에 태어났어.)
　　 I moved to Australia in May. (나 5월에 호주로 이민 갔어.)

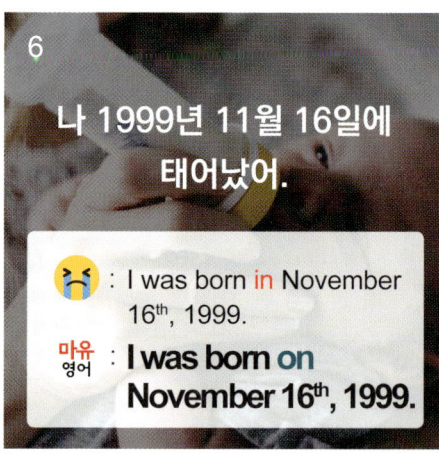

a. 문장 안에 아무리 월과 년도가 있어도 일 (day)를 넣으려면 무조건 on 사용.

b. 예) on April 27th (4월 27일에)
　　 on April 27th, 1996
　　 (1996년 4월 27일에)

예) I started working here on May 5th. (나 여기서 5월 5일에 일 시작했어.)
　　 I moved to Italy on May 5th, 2000. (나 2000년 5월 5일에 이탈리아로 이민 갔어.)

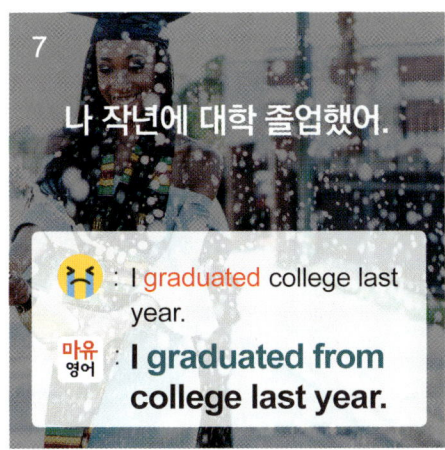

a. graduate from = ~를 졸업하다

b. 회화체에서 혹시 from을 빼는 경우를 봐도 흔들리지 말 것. 흔한 일도 아니며 문법적으로도 인정받지 못함.

예) I graduated from high school in 2012. (나 2012년에 고등학교 졸업했어.)
　　When did you graduate from college? (너 언제 대학 졸업했어?)

a. propose는 "~에게"란 의미가 포함되어 있지 않음.
　→ to가 추가되어야 "~에게 청혼하다"란 뜻이 완성됨.

b. to 없이 목적어가 붙으면 "~를 제안하다"란 의미로 변신.
　예) I proposed my girlfriend.
　　→ 해석 자체가 안 될 정도로 어이없는 문장.

예) Did he propose to you? (걔가 너한테 청혼했어?)
　　He didn't even propose to me. (걔는 나한테 청혼도 안 했어.)

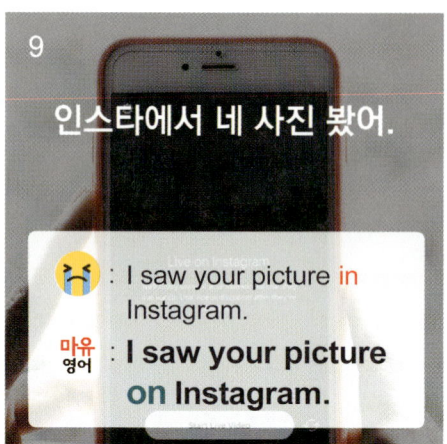

a. 웹사이트류 (Google, Naver, Daum, Facebook 등) 앞에선 on을 써야 "~에서/~에"란 느낌.
  예) on our website
     (저희 웹사이트에서)
     on mayuenglish.com
     (mayuenglish.com에서)

예) I found this article on Google. (나 이 기사 Google에서 찾았어.)
   I saw it on YouTube. (나 그거 YouTube에서 봤어.)

a. 파티, 세미나, 결혼식 등의 이벤트는 한정된 장소로 취급.

b. "~에서"란 느낌을 줄 때 at을 사용.
  예) at the event (그 행사에서)

예) I saw Ryan at the expo. (나 그 박람회에서 Ryan 봤어.)
   She sang at the company party. (걔 사내 파티에서 노래했잖아.)

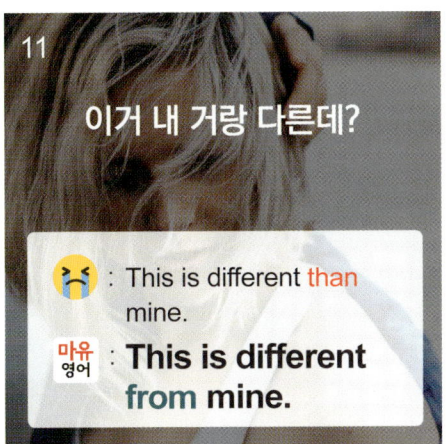

a. different는 비교급이 절대 아님.
  → 단지 뜻이 "다른"이어서 비교급으로 오해 받는 억울한 단어임.

b. 비교급도 아닌데 than (~보다)를 사용할 이유가 없음.

c. different from = ~와는 다른

예) My dress is definitely different from yours. (내 드레스는 확실히 네 거랑은 달라.)
This car is different from the one in the picture. (이 차는 사진에 있는 거랑 다른데요.)

a. "~에게 솔직해지다"는 "~에게"란 의미 때문에 왠지 to를 쓸 것 같지만 사실 with를 사용.

b. be honest with
 = ~에게 솔직해지다
 예) I'll be honest with you.
  (너한테 솔직하게 말할게.)

예) Can I be honest with you? (너한테 솔직해져도 돼?)
Are you being honest with me? (너 나한테 솔직하게 굴고 있는 거야?)

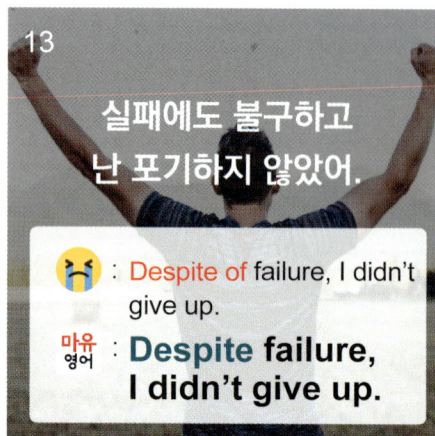

a. in spite of (~에도 불구하고)에 익숙해져서 despite 뒤에도 of를 넣는 실수 조심.

b. in spite of = despite = ~에도 불구하고
　예) in spite of this
　　　= despite this (이것에도 불구하고)

예) Despite the pain, I didn't cry. (그 고통에도 불구하고, 난 안 울었어.)
　　Despite my effort, they didn't hire me. (내 노력에도 불구하고, 그들은 날 고용 안 했어.)

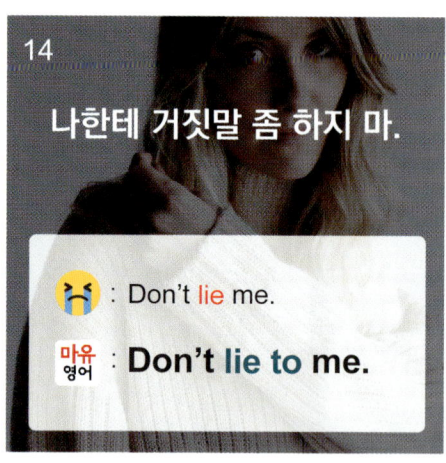

a. #8의 propose와 마찬가지로 lie 또한 to가 있어야 "~에게 거짓말하다"로 정상 작동함.
　예) 너 나한테 거짓말했구나.
　　　You lied me. (×)
　　　You lied to me. (○)

예) You're lying to me now. (지금 나한테 거짓말하고 있는 거잖아.)
　　How could you lie to me? (어떻게 나한테 거짓말할 수가 있어?)

a. 여행 가다 = go to a trip (×)
   go on a trip (○)
   → trip (여행)은 장소가 아니므로 to 금지.

b. business trip (출장), honeymoon (신혼여행), picnic (소풍) 모두 마찬가지.

예) Alice is going on a business trip to Italy. (Alice는 이탈리아로 출장 가.)
   Let's go on a picnic. (소풍 가자.)

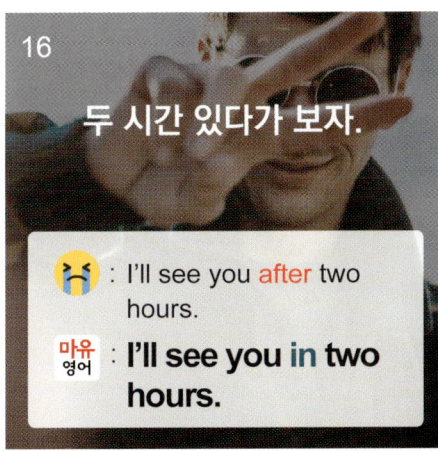

a. 기간 앞에는 after가 아니라 in을 써야 "현 시점부터 얼마 있다가 / 얼마를 채우고"란 뜻이 됨.

b. in (기간) = (기간) 있다가
   예) in 2 hours (현 시점부터 대략 2시간 있다가)

예) I'll be there in 30 minutes. (나 30분 정도 있다가 거기 도착할 거야.)
   I'll be done in 3 hours. (나 3시간 있다가 끝날 거야.)

a. 기간 뒤에는 before가 아니라 ago를 써야 "현 시점부터" 얼마 전이란 말이 됨.

b. (기간) ago = 현 시점부터 (기간) 전에
   예) 30 minutes ago (현 시점부터 대략 30분 전에)

예) I got here an hour ago. (나 여기 한 시간 전에 도착했어.)
    I met Ashley 3 years ago. (나 3년 전에 Ashley 만났어.)

a. 복수명사 앞에는 this 대신 these 사용.

b. this (단수명사) = 이 (단수명사)
   these (복수명사) = 이 (복수명사들)
   예) this pants (×)
       these pants (○)

c. 잦은 실수 TOP 10에 들어감을 보장.

예) I love these donuts. (나 이 도넛들 너무 좋아.)
    These boots are too old. (이 부츠 너무 오래됐어.)

a. breakfast, brunch, lunch, dinner, dessert 모두 a/an 없이 사용.
   예) I had lunch with him.
   (나 걔랑 점심 먹었어.)

b. 식사명을 꾸며 주는 형용사가 붙으면 a 사용.
   예) I had a late lunch with him.
   (나 걔랑 늦은 점심 먹었어.)

예) I had dinner with Jenny. (나 Jenny랑 저녁 먹었어.)
    I had a romantic dinner with Kelly. (나 Kelly랑 로맨틱한 저녁식사를 했어.)

a. 쇼핑 가다
   go to shopping (×)
   go shopping (○)

b. go + (~ing) = (~ing)하러 가다
   예) go fishing (낚시하러 가다)

예) I went bowling with my friends. (나 내 친구들이랑 볼링 치러 갔어.)
    I can't go swimming this time. (나 이번엔 수영하러 못 가.)

응용만이 살길

주어진 한글 문장을 영어로 '입영작' 해 본 뒤 아래 정답을 확인하세요.

1. 나 TV에서 네 남편 봤어.
2. 이 스웨터 나한테 안 맞아.
3. 나 그 수업에서 B 받았어.
4. 그건 3월 10일에 벌어졌다. * 예기치 않은 일
5. 나 대학 졸업 안 했어.
6. 네 아버지는 나한테 청혼도 안 했단다.
7. 그 세미나에서 봐요.
8. 너 왜 나한테 거짓말했어?
9. 나 1시간 있다가 떠날 수 있어.
10. 너 내 남친이랑 브런치 먹었어?

#정답

1. I saw your husband on TV.
2. This sweater doesn't fit me.
3. I got a B in the class.
4. It happened on March 10th.
5. I didn't graduate from college.
6. Your father didn't even propose to me.
7. I'll see you at the seminar.
8. Why did you lie to me?
9. I can leave in an hour.
10. Did you have brunch with my boyfriend?

[전치사/관사/기타] 백신

21 → 40

What's your weight?
너 몸무게 몇이야?

"이게 틀려요?"
안 틀린 데 어색해요. 왜냐하면…

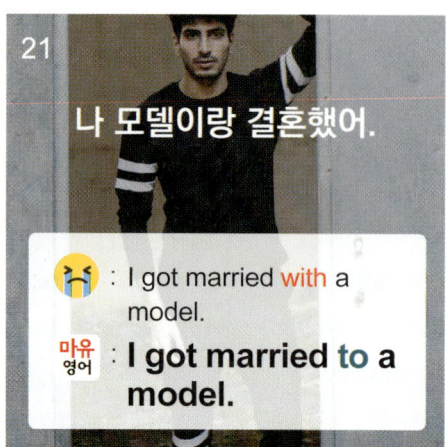

a. "~와 결혼하다"란 표현으로 marry 대신 get married를 쓰고 싶을 땐 뒤에 with가 아닌 to를 사용.

b. get married to = ~와 결혼하다

c. 영어권에서는 서로 상대방 "쪽으로 (to)" 종속된다고 표현.

예) He got married. (걔 결혼했어.)
　　He got married to a doctor. (걔 의사랑 결혼했어.)

a. "~와 얘기하다"라고 표현할 땐 talk to가 talk with보다 문법적으로 우수한 표현.

b. talk with도 특정 국가에서 비격식으로 종종 사용하나 덜 추천.

예) Let me talk to my lawyer. (제 변호사랑 얘기 좀 할게요.)
　　I don't want to talk to you right now. (나 지금은 너랑 얘기하고 싶지 않아.)

a. "얼마에 사다/팔다"라고 표현할 땐 가격 앞에 at이 아닌 for를 사용.
   예) for $10 (10달러에)

b. buy for (가격) = (가격)에 사다
   sell for (가격) = (가격)에 팔다

예) I bought this lipstick for $20. (나 이 립스틱 20달러에 샀어.)
   I sold my Gucci bag for $500. (나 내 Gucci 가방 500달러에 팔았어.)

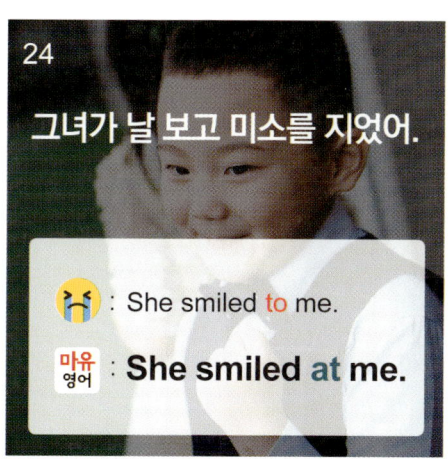

a. "~에게 미소를 짓다"라고 표현할 땐 smile 뒤에 to가 아닌 at을 사용.
   예) Don't smile at me.
      (나한테 미소 짓지 마.)

b. laugh (웃다)도 마찬가지
   laugh at = 비웃다

예) Are you smiling at me? (나한테 미소 짓고 있는 거야?)
   Are you laughing at me? (날 비웃고 있는 거니?)

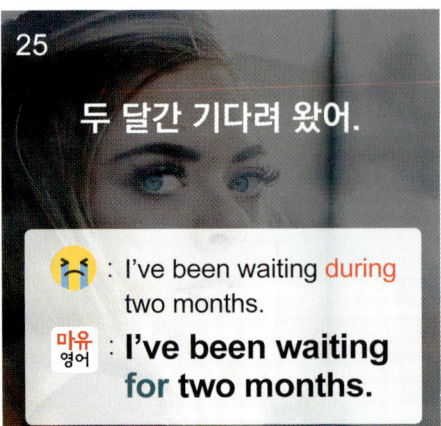

a. during = (시기나 상황) 도중에
   예) during the seminar
       (그 세미나 도중에)

b. for = (기간) 동안
   예) for 3 years (3년 동안)

예) I dozed off during the class. (나 수업 도중에 졸았잖아.)
    Jake worked out for an hour. (Jake는 1시간 동안 운동했어.)

a. "~와" (똑)같은이라고 표현할 땐 same 뒤에 with가 아닌 as 사용.

b. same 앞에는 항상 the를 넣는 버릇을 기를 것.

c. the same as = ~와 (똑)같은

예) It's not the same as mine. (그거 내 거랑 안 똑같은데?)
    Is this skirt the same as yours? (이 치마 네 거랑 똑같아?)

27

엄청난 날씨다!

😭 : What a weather!
마유영어 : What weather!

 백신

a. What + a(n) + (명사)! = 엄청난 (명사)다!
  예) What a night!
     (엄청난 밤이군!)

b. 하지만, 셀 수 없는 명사에 a(n) 넣는 습관은 이제 그만.
  예) What a weather! (×)
     weather (날씨)는 셀 수 없는 명사임.

예) What a day! (엄청난 날이군!)
   What awful weather! (엄청 끔찍한 날씨네!)

28

나 뉴욕에서 공부하고 있어.

😭 : I'm studying at New York.
마유영어 : I'm studying in New York.

 백신

a. "~에/~에서"라고 표현할 때 나라, 주, 도시 앞에는 at이 아닌 in 사용.

b. 나라 : at Korea (×)
        in Korea (○)
   주 : at California (×)
        in California (○)
   도시 : at Paris (×)
        in Paris (○)

예) She is working in James Town. (걔 James Town에서 일하고 있어.)
   I go to school in Florida. (나 Florida에서 학교 다녀.)

a. enter 자체가 "~ 안으로 들어가다"란 뜻을 담고 있어서 into (안으로)란 단어가 필요 없음.

b. into를 쓰면 "~ 안으로 안으로 들어가다"라고 하는 격.

예) Belle entered the castle. (Belle은 그 성 안으로 들어갔어.)
　　Do not enter this area. (이 지역 안으로 들어오지 마시오.)

a. "~을 잘한다"고 할 땐 be good in보다는 be good at을 사용.
　* 드물게 in을 쓰는 경우도 있으나 추천하지 않음.
　예) I'm good at running.
　　　(나 달리는 거 잘해.)

예) I'm good at soccer. (나 축구 잘해.)
　　Are you good at driving? (너 운전 잘해?)

a. print = 인쇄하다
   print out = 출력하다

b. print란 단어의 의미가 더 포괄적이긴 하나 프린터를 사용해 파일을 "밖으로" 출력한다고 표현할 땐 out을 넣는 게 일반적이고 자연스러움.

예) I have to print this out. (저 이거 좀 뽑아야 하는데요.)
    Can I print this out here? (이거 여기서 출력해도 돼요?)

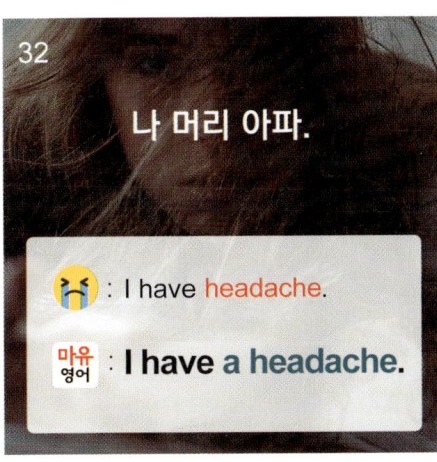

a. 심각하지 않은 증세 중 특히, cold (감기), ache (통증)으로 끝나는 것들은 a/an 사용.
   예) 나 감기 걸렸어.
       I have cold. (×)
       I have a cold. (○)

   나 허리 아파.
   I have backache. (×)
   I have a backache. (○)

예) I have a toothache. (나 치통 있어.)
    Do you have a cold? (너 감기 걸린 거야?)

a. "~에 투자한다는 사실 "~ 안에" 투자한다고 표현하기 때문에 to가 아닌 in을 사용.
   예) in funds (펀드에)
   　　in us (우리에게)

b. 비즈니스 영어에서 꾸준히 나오고 있는 실수.

c. 사람에게 투자한다고 할 때도 사용 가능.

예) Don't invest in stocks. (주식에 투자하지 마.)
　　I invested $1,000 in them. (나 걔네한테 1,000달러 투자했어.)

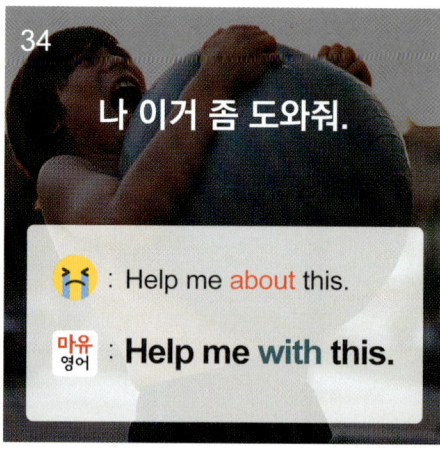

a. "~에 대해서" 도와달라고 표현할 땐 about이 아닌 with를 사용.

b. Help A + with B
   = A를 도와주다 + B에 대해서
   예) Help me with this pizza. (나 좀 이 피자에 대해 도와줘.)
   → 요리하는 걸 도와달란 말일 수도, 먹는 걸 도와달란 말일 수도 있음.

예) I can help you with that. (내가 너 도와줄 수 있어 / 그거에 대해서.)
　　I helped Jane with her homework. (내가 Jane 도와줬어 / 그녀의 숙제에 대해서.)

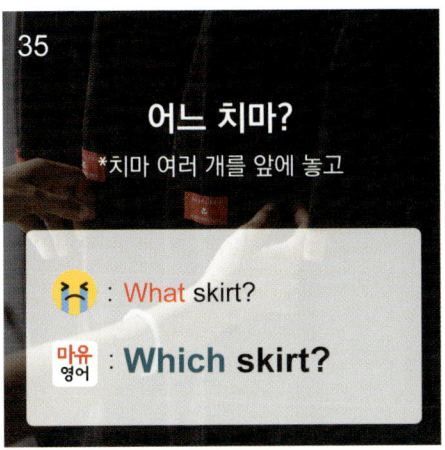

a. 한정된 옵션 중에 고르라고 할 땐 보통 what (무엇)보다 which (어느)를 사용.
   예) 보기 없이 :
   What color do you like?
   (무슨 색 좋아해?)
   몇 가지 색을 보여주며 :
   Which color do you want?
   (어느 색 원해?)

예) Which song do you like most? (어느 노래가 가장 마음에 들어?) *리스트를 보여주며
   What song do you like most? (무슨 노래가 가장 좋아?) *선택지 없이 그냥 질문

a. 발음이 같아 헤맬 수 있는 두 단어 :
   who's = who is
   whose = whose (누구의)

b. Whose (명사) is this?
   = 이거 누구의 (명사)야?
   예) Whose song is this?
       (이거 누구 노래야?)

예) Who's that girl? (저 여자애 누구야?)
   Whose number is this? (이거 누구 번호야?)

a. 사용빈도 서열이 만만치 않아 자주 나오는 에러 둘 :
show up = 등장하다, 나타나다
show off = 뽐내다

b. up의 [p] 그리고 off의 [f] 발음을 반드시 구분할 것.
[f]는 두 입술이 절대 붙지 않게 발음.

예) Did he show up to your wedding? (그 남자가 네 결혼식에 왔디?)
　　Did he show off his skills? (걔가 자기 실력을 뽐내디?)

a. What's your weight?
　= 몸무게가 몇 이에요?
　→ 맞는 문장이지만, 병원 등에서 전문적으로 사용.

b. How much do you weigh?
　= 무게가 얼마나 나가요?
　회화체에선 weigh (무게가 나가다)란 동사로 자연스럽게 표현.

예) How much does your puppy weigh? (네 강아지 무게가 얼마나 나가?)
　　I weigh 110 pounds. (나 110 파운드 나가.)

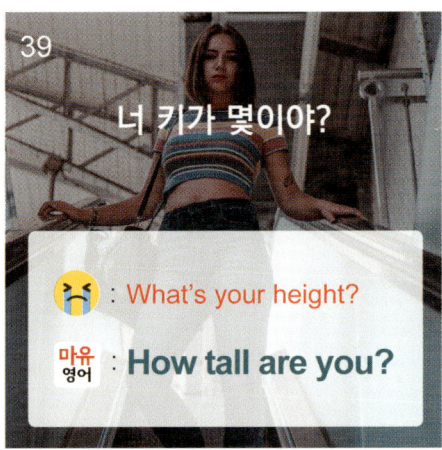

a. What's your height?
   = 키가 몇이에요?
   맞는 문장이지만, 이것 역시 병원 등에서 전문적으로 사용.

b. How tall are you?
   = 키가 얼마나 돼요?
   회화체에선 tall (키가 큰)이란 형용사를 써서 자연스럽게 표현.

예) How tall is your boyfriend? (네 남친은 키가 얼마나 돼?)
I am 6 feet tall. (나 6피트 정도 돼.)

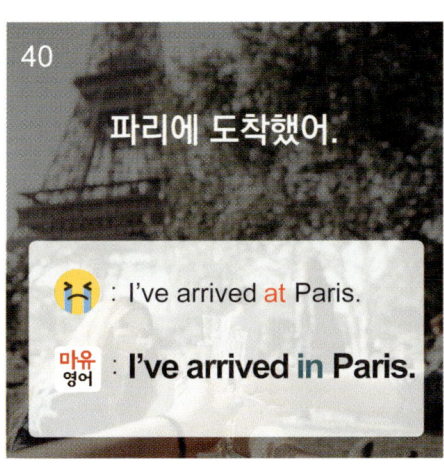

a. arrive at = ~에 도착하다
   → 이건 절대적인 공식이 아님.

b. 한정된 장소가 아닌 "나라, 주, 도시"에 도착했다고 표현할 땐 at이 아닌 in 사용.
   예) 우리는 Tokyo에 도착했어.
   We arrived at Tokyo. (×)
   We arrived in Tokyo. (○)

예) I just arrived at the terminal. (나 터미널에 방금 도착했어.)
What time did you arrive in San Diego? (너 San Diego에 몇 시에 도착했어?)

응용만이 살길

주어진 한글 문장을 영어로 '입영작' 해 본 뒤 아래 정답을 확인하세요.

1. 당신 매니저와 얘기하고 싶어요.
2. 나 내 시계 100달러에 팔았어.
3. 내 강아지 이름이 내 거랑 똑같아.
4. 나 서울에서 태어났어.
5. 너 노래 잘해?
6. 나 복통이 있어.
7. 자네에게 투자하고 싶군.
8. 너 어느 영화 보고 싶어?
9. Lucy는 자기 몸매를 뽐냈어.
10. 나 5시에 Beverly Hills에 도착했어.

#정답

1. I want to talk to your manager.
2. I sold my watch for $100.
3. My puppy's name is the same as mine.
4. I was born in Seoul.
5. Are you good at singing?
6. I have a stomachache.
7. I want to invest in you.
8. Which movie do you want to watch?
9. Lucy showed off her body.
10. I arrived in Beverly Hills at 5.

[전치사/관사/기타] 백신

41 → 60

Fighting, Korea!
파이팅, 코리아!

"이게 틀려요?"
틀려요. 왜냐하면…

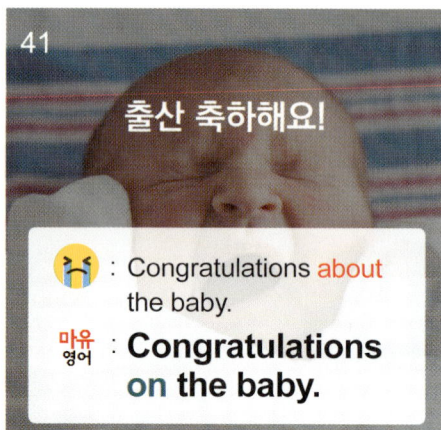

a. 우선, Congratulation 뒤에 -s를 꼭 추가할 것.

b. 줄여서 Congrats! (축하해!) 라고도 사용.

c. "~에 대해" 축하해라고 할 땐 about이나 for가 아닌 on 사용.

예) Congratulations on your achievement. (업적에 대해 축하드립니다.)
Congratulations on the promotion. (승진 축하해요.)

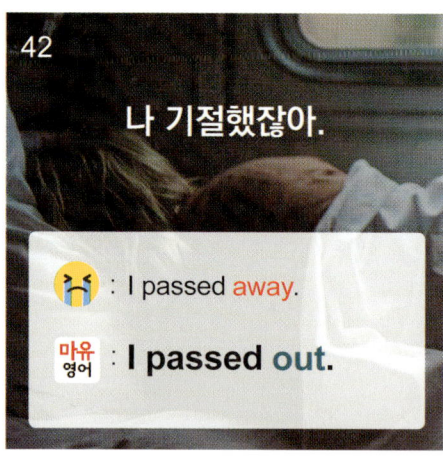

a. pass away = 세상을 떠나다
pass out = 기절하다
전치사 하나에 운명을 달리할 수 있음.

b. 우리말처럼 너무 피곤하거나 술에 취해서 기절했다고 표현할 때도 사용 가능.

예) I was so tired that I passed out. (나 너무 피곤해서 기절했어.)
He was so sick that he passed away. (그는 너무 아파서 세상을 떠났어.)

a. "No!"를 강조하고 싶을 때 "Never!"도 사용 가능하지만 문어체 같은 느낌이 너무 강해 오히려 웃길 수 있음.

b. "No way!"가 훨씬 자연스러움.
 = 절대 안 돼! / 완전 싫어! / 말도 안 돼!

예) A : Can I eat your chicken? (네 치킨 먹어도 돼?)
B : No way! (절대 안 돼!)

a. 경기 응원용 파이팅
 = Let's go, (팀 이름)!

b. 같이 잘해 보자는 파이팅
 = Let's do this!
   Let's make this happen!

c. 인터뷰, 소개팅, 시험용 파이팅
 = Good luck! / Go get 'em!

예) Let's go, Dodgers! (파이팅, 다저스!)
Good luck, son! (아들, 파이팅!)

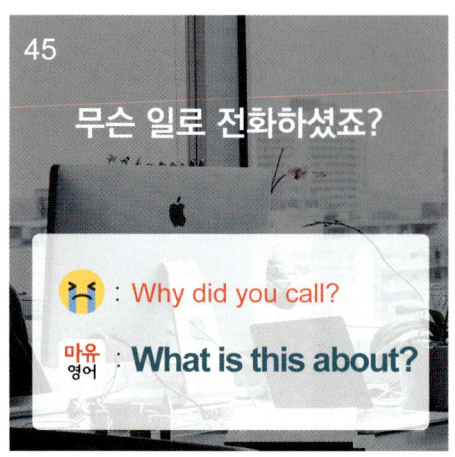

a. Why did you call?
   (왜 전화했어요?) → 무례한 느낌.

b. 중간 격식
   What is this about?
   (무슨 일로 전화하셨죠?)

c. 최고 격식
   What is this in reference to?
   (용건이 어떻게 되나요?)

예) A : Can I speak to Mr. Jackson? (Jackson 씨랑 통화할 수 있을까요?)
    B : What is this about? (무슨 일로 전화하셨죠?)

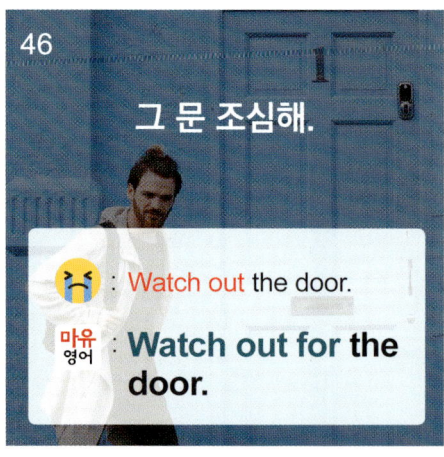

a. Watch out! = 조심해!

b. "~를" 조심해라고 추가할 땐 for를 사용.
   예) 바위 조심해!
       Watch out the rock! (×)
       Watch out for the rock! (○)

예) Watch out for that car. (저 자동차 조심해.)
    Watch out for the tree. (그 나무 조심해.)

a. if는 뭔가가 벌어질지 아닐지 확신이 없을 때 사용.
   예) if I go (내가 간다면)
      → 갈지 안 갈지 확신 없음.

b. when은 뭔가 벌어질 것은 거의 확정된 사실이라고 볼 때 사용.
   예) when I go (내가 갈 때)
      → 가는 게 일단 기본임.

예) I'll call you if I visit New York. (내가 New York 방문한다면 전화할게.)
    I'll call you when I visit New York. (내가 New York 방문할 때 전화할게.)

a. 부정문에 대해 "왜?"라고 받아칠 땐 "Why?"보단 "Why not?"이 자연스러움.
   예) A : I like you. (나 너 좋아해.)
       B : Why? (왜?)

   A : I don't like you.
       (나 너 안 좋아해.)
   B : Why not?
       (왜 안 좋아하는데?)

예) A : I can't see you anymore. (나 더 이상 너 못 만나.)
    B : Why not? (왜 못 만나는데?)

[전치사/관사/기타] 백신   191

a. pay
 = (청구서 등을) 납부하다
 예) Did you pay this bill?
   (이 청구서 납부했어요?)

b. pay for
 = (물건·서비스 값을) 내다
 예) Did you pay for this ticket?
   (이 티켓 값 지불했어요?)

예) Did you pay the maintenance fee? (관리비 납부했어요?)
  I already paid for the coffee. (저 이미 그 커피값 냈어요.)

a. in case of (명사)
 = (명사) 시에는
 예) in case of rain (우천 시에는)

b. in case (평서문)
 = (평서문)일 걸 대비해서
 예) in case it rains
   (비 올 걸 대비해서)

c. 문장 구조만이 아니라 의미도 달라짐을 주의.

예) In case of fire, use the stairs. (화재 시에는 계단을 이용하세요.)
  In case she calls you, take my phone. (그녀가 전화할 걸 대비해서, 내 전화기 가져가.)

a. moreover (게다가)란 단어는 너무 격식이어서 회화체에서는 손가락이 오그라들 정도.

b. 회화체에선 and, plus, besides 를 강력 추천.
   → 한국어로 "그것도 그렇고 / 심지어" 정도의 느낌.

예) Besides, she doesn't know me. (그것도 그렇고, 걔가 날 모르잖아.)
　　Plus, you get 3 bottles for free. (심지어 세 병이 공짜야.)

a. get in = ~에 타다
   → car, taxi 등 몸을 숙이고 타는 교통수단에 사용.

b. get on = ~에 타다
   → bus, plane, ship 등 몸을 숙이지 않고 타는 교통수단에 사용.

예) Get in the car! (차에 타!)
　　Did you get on the plane? (너 그 비행기 탔어?)

a. 전화기기나 장소로 전화 달라고 할 땐 to가 아닌 on / at 사용.

b. 대체로 전화기기는 on, 장소는 at을 사용.

예) Can you call me on my mobile phone? (내 휴대폰으로 전화 줄 수 있어?)
　　I'll call you at the office. (사무실로 전화 드릴게요.)

a. 특정 전화번호로 전화 달라고 할 땐 to가 아닌 at 사용.

예) You can reach me at 010-1234-5678. (010-1234-5678로 연락하시면 돼요.)
　　Call me at this number. (이 번호로 연락주세요.)

a. apologize (사과하다)에는 "~에게"란 의미가 포함되어 있지 않음.

b. 사과 받는 사람을 넣으려면 to (~에게)가 필요함.
예) 나 걔한테 사과했어.
　　I apologized him. (×)
　　I apologized to him. (○)

예) We apologize. (사과 드립니다.)
　　We apologize to your daughter. (댁의 따님께 사과 드립니다.)

a. swear at = ~에게 욕을 하다
　swear to = ~에게 맹세하다

b. "I swear at god." 했다가는 신에게 욕하는 사람이 돼 버림.

c. swear의 과거는 swore임을 반드시 기억할 것.

예) Stop swearing at me. (나한테 그만 욕해.)
　　I swear to you. (너한테 맹세한다니까.)

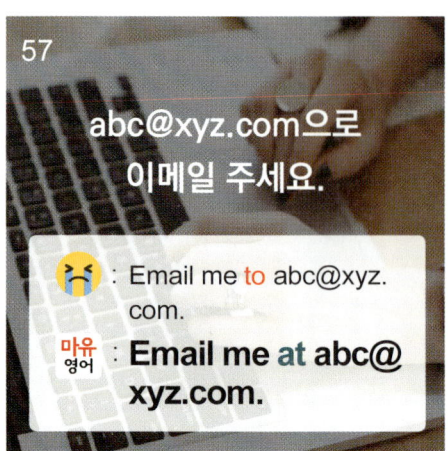

a. 특정한 이메일 주소로 이메일 보내달라고 할 땐 at 사용.

b. 동사 "email" 대신 "send an email"을 사용할 땐 to 사용.
→ 덜 추천
예) Send an email to abc@xyz.com.

예) Can you email me at hello@mayuenglish.com?
(hello@mayuenglish.com으로 저한테 이메일 보내줄 수 있어요?)
I sent an email to hello@mayuenglish.com.
(hello@mayuenglish.com으로 이메일 보냈어요.)

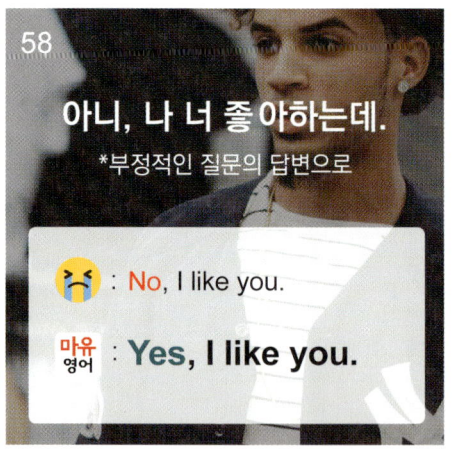

a. 질문이 긍정이든 부정이든
내 대답이 긍정이면 yes
내 대답이 부정이면 no.

b. 헷갈리면 yes나 no를 아예 빼고 본론만 말하는 것도 하나의 방법.
예) Yes, I love you.
→ I love you.

예) A : Don't you like my hairstyle? (내 헤어스타일 맘에 안 들어?)
B : Yes, I like it. (아니, 맘에 들어.)

a. be known as = (명칭/별명 등)으로 알려지다
예) 스타벅스는 스벅으로 알려짐.

b. be known for = (업적/행위/사건 등)으로 알려지다
예) 스타벅스는 맛있는 커피로 알려짐.

예) 무한도전 is known as 무도. (무한도전은 무도로 알려져 있어.)
　　무한도전 is known for its funny episodes. (무한도전은 웃긴 에피소드들로 알려져 있어.)

a. yell (소리지르다)는 to 대신 at과 섞어 줘야 "~에게 화내듯, 나무라듯 소리지르다"란 뜻이 됨.

b. 추가 :
nag at = ~에게 잔소리하다
예) Stop nagging at me!
　　(나한테 그만 좀 잔소리해!)

예) Are you yelling at me right now? (자기 지금 나한테 소리지르는 거야?)
　　Can you not yell at me? (나한테 소리 좀 안 지를 수 없니?)

응용만이 살길

주어진 한글 문장을 영어로 '입영작' 해 본 뒤 아래 정답을 확인하세요.

1. 당신의 성공을 축하해요!
2. 나 어젯밤에 기절했어.
3. 그 개 조심해.
4. 이 청구서 납부하셨어요?
5. 게다가, 걔네 부자야.
6. 제가 당신 휴대폰으로 전화했었어요.
7. 010-8765-4321로 전화주세요.
8. 내 남친한테 사과하고 싶지 않아.
9. 너 신께 맹세해?
10. Oliver가 나한테 또 소리질렀어.

#정답

1. Congratulations on your success!
2. I passed out last night.
3. Watch out for the dog.
4. Did you pay this bill?
5. Plus, they are rich.
6. I called you on your cell phone.
7. Call me at 010-8765-4321.
8. I don't want to apologize to my boyfriend.
9. Do you swear to god?
10. Oliver yelled at me again.

[전치사/관사/기타] 백신

61 → 80

I got stress.
나 스트레스 받았어.

"이게 틀려요?"
틀려요. 왜냐하면…

61

a. 함께 있는 상황에서 현재 장소를 물을 땐 We are where. (우린 어디 있는 거야.)를 질문 어순으로 바꾼 Where are we? (우린 어디 있는 거야?)를 사용.

b. "Where is this?"는 사진 등을 보며 그 안의 장소를 물을 때 사용.

예) A : Where are we? (여긴 어디야?)
　　B : We are in New Jersey. (여기 New Jersey야.)

62

a. 뭔가가 충분하다고 표현할 땐
　enough (명사) = 충분한 (명사)

b. 대명사가 올 땐 of가 도와야 함.
　enough of (대명사) = 충분한 (대명사)
　예) enough it (×)
　　　enough of it (○)

예) Do we have enough drinks? (우리 음료수들은 충분히 있니?)
　　We have enough of this. (우리 이거 충분히 있어.)

63

우리의 성공을 위하여!

😭 : For our success!

마유 영어 : To our success!

 백신

a. 건배할 때 우리말 "~를 위하여" 때문에 for를 쓰는 실수.

b. 영어에서는 "~쪽으로" 잔을 들자 라는 의미로 to를 사용.
→ "~를 향하여"가 옳은 표현.

예) To our love! (우리의 사랑을 위하여!)
　　Here's to our friendship! (우리의 우정을 위하여!)

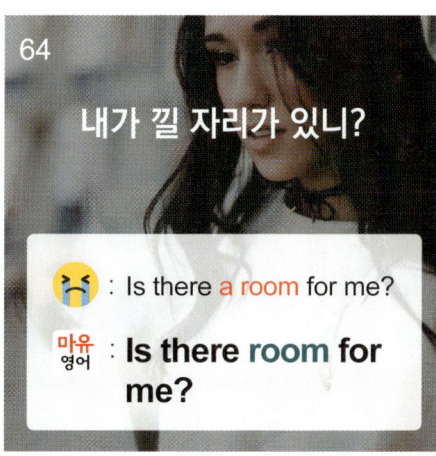

64

내가 낄 자리가 있니?

😭 : Is there a room for me?

마유 영어 : Is there room for me?

 백신

a. room 앞에 a를 넣으면 평범한 "방"이란 의미.
예) There's a room.
　　(방이 있어요.)

b. room 앞에 a가 없으면 추상적인 "공간, 자리, 여유"란 의미.
예) There's room.
　　(여유 공간 있어요.)

예) Is there a room for ten? (10명 들어갈 방 있나요?)
　　There's still room for you in my heart. (내 마음엔 여전히 널 위한 자리가 있어.)

a. every가 "~마다"가 아닌 "모든" 의 뜻일 땐 뒤에 단수명사.
   예) every women (×)
       every woman (○)

b. 동사도 함께 맞춰줄 것.
   예) Every woman have … (×)
       Every woman has … (○)

예) Every guy knows 이효리. (모든 남자가 이효리를 알아.)
    Every mom loves her child. (모든 엄마는 자신의 아이를 사랑하지.)

a. Thank God! = 참 다행이다!
   Thank를 Thanks로 쓰는 실수가 엄청나므로 주의.

b. Thank God 뒤에 평서문을 추가할 수도 있음.
   Thank God + (평서문)!
   = (평서문)이라서 참 다행이다!

예) Thank God you're here! (네가 여기 있어 참 다행이야!)
    Thank God you're not my boyfriend! (네가 내 남친이 아니라서 참 다행이야!)

a. Don't trust me. = 날 믿지 마.
   → 날 아예 신뢰하지 말라는
      말이 될 수 있음.

b. Don't take my word for it.
   = 내 말을 그대로 받아들이진 마.
   → 날 너무 신뢰하지 말라는
      말로 느낌이 약해짐.

c. take = 받아들이다

예) Don't trust your friend. (네 친구 말 믿지 마.)
    You can take my word for it. (내 말은 맹신해도 돼.)

a. kind of = 좀
   예) You're kind of cute.
       (너 좀 귀여워.)

b. 명령어엔 쓸 수 없음.
   예) Kind of come here! (×)

c. 명령어에 쓰는 짜증스런 "쫌!"
   = for God's sakes
   예) Come here for God's sakes!
       (이리 오라고 쫌!)

예) Study English for God's sakes! (영어 공부해 쫌!)
    Stop talking for God's sakes. (말 그만해 쫌.)

69

(당신 말이) 맞아요.

😭 : Yeah, right.

마유영어 : You're right.

 백신

a. 둘 다 비슷한 표현 같지만 "Yeah, right."은 억양을 잘못 줄 경우 "참 그러시겠죠."라는 비꼬는 듯한 인상을 줄 수 있음.
   예) A : I finally have a girlfriend!
   (나 드디어 여친 생겼어!)
   B : Yeah, right.
   (참 그러시겠지.)

예) A : I think we should apologize to him. (우리가 걔한테 사과해야 할 거 같아.)
   B : You're right. (네 말이 맞아.)

70

아, 스트레스 받아.

😭 : I'm getting stress.

마유영어 : I'm under stress.

 백신

1. get stress란 표현은 안 쓰임.
   → get stressed (스트레스 받다) 표현은 가능.

2. under라는 전치사를 사용.
   under stress = 스트레스의 영향 아래 있는 → 스트레스 받고 있는 (형용사처럼 활용)

예) My sister is under a lot of stress. (우리 언니 엄청 스트레스 받고 있어.)
   Are you under stress? (너 스트레스 받고 있니?)

71

일하는 거 외에 뭐 하세요?

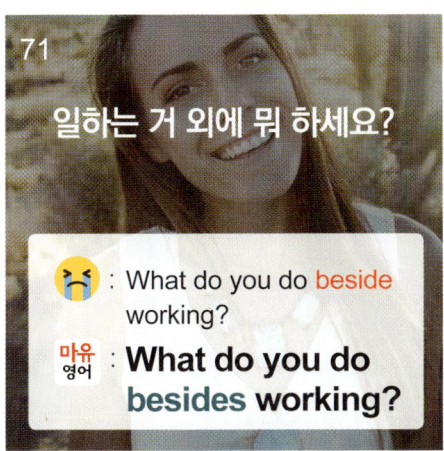

😭 : What do you do beside working?

마유 영어 : **What do you do besides working?**

 백신

a. beside = ~의 옆에
   예) There's a ghost beside you! (네 옆에 귀신이!)

b. besides = ~ 외에
   예) I don't know anyone here besides you. (나 너 외엔 여기서 아무도 몰라.)

예) He stayed beside me all night. (그는 밤새 내 옆에 있어 줬어.)
What do you like besides hip hop music? (힙합 음악 외에 뭐 좋아하세요?)

72

나 큰일났어.

😭 : I'm in a trouble.

마유 영어 : **I'm in trouble.**

 백신

a. trouble
   = 곤경 (셀 수 없는 명사)
   = 문젯거리 (셀 수 있는 명사)

b. be in trouble = 곤경에 빠져 있다
   → 곤경이란 의미로 쓰여 a가 필요 없음.
   → 의역하여 "큰일났다"란 표현으로 쓰기에 딱 좋음.

예) My friend is in trouble. (제 친구 큰일났어요.)
Are you in trouble? (곤경에 빠져 있나요?)

[전치사/관사/기타] 백신

73

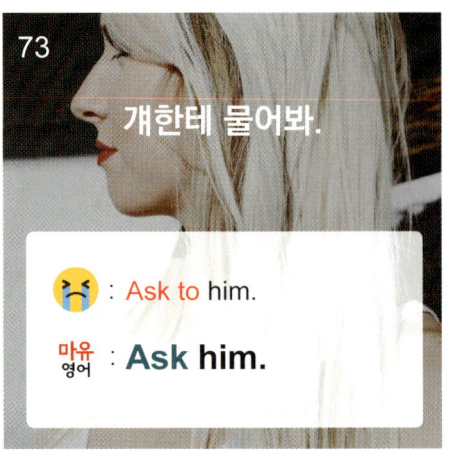

a. "~에게 물어보다"라고 표현할 때 ask 뒤에 to를 쓰는 실수를 차단할 것.
   예) I asked to him. (×)
   　　I asked him. (○)

b. 이건 마치 "Call me." 대신 "Call to me." 하는 격.

예) Can I ask you something? (너한테 뭐 물어봐도 돼?)
　　Don't ask me about Jerry. (나한테 Jerry에 관해 물어보지 마.)

74

a. a little = 조금 있는
   → 그나마 조금 있다는 긍정의 느낌.
   예) We have a little time.
   　　(시간이 조금 있어.)

b. little = 거의 없는
   → 같이 적은 양이어도 거의 없다는 부정의 느낌.
   예) We have little time.
   　　(시간이 거의 없어.)

예) There's a little water in the cup. (그 컵 안에 물이 조금 있어.)
　　There's little food in the fridge. (냉장고 안에 음식이 거의 없어.)

a. #74와 같은 맥락이지만 셀 수 있는 명사 앞에 사용.

b. a few = 몇 있는
   예) We have a few options.
   (옵션이 조금 있어.)

c. few = 몇 없는, 거의 없는
   예) We have few options.
   (옵션이 거의 없어.)

예) There are a few students in the class. (그 수업에 학생들이 몇 있어.)
There are few girls in my group. (내 그룹에는 여자애들이 거의 없어.)

a. "~를 가진"을 who have/that have로 쓰면 신경 쓸 게 많음.
   예) 남자/남자들 + 돈을 가진/가졌던 = man/men + who have/has/had money

b. with는 명사만 신경 쓰면 끝.
   예) 남자/남자들 + 돈을 가진/가졌던 = man/men + with money

예) I bought a house with a swimming pool. (나 수영장 있는 집 샀어.)
I like girls with pretty hands. (난 예쁜 손 가진 여자들이 좋아.)

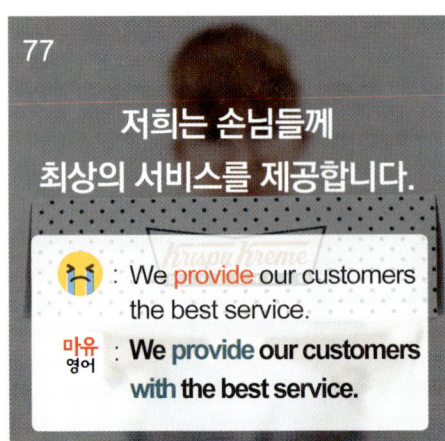

a. "~를 제공한다"만 쓰면 with가 필요 없음.
   예) I provided everything. (난 모든 걸 제공했어.)

b. 하지만 제공 받는 사람이 붙는 순간 with가 필요함.
   예) I provided her with everything. (난 그녀에게 모든 걸 제공했어.)

예) Our company provided a van. (우리 회사가 승합차를 제공했어.)
   Our company provided us with a van. (우리 회사가 우리에게 승합차를 제공했어.)

a. reply (답신하다) 동사 자체는 "~에게"란 의미가 없으므로 to를 반드시 넣을 것.
   예) 내 이메일에 답신해 줘.
   Reply my email. (×)
   Reply to my email. (○)

b. respond (응답하다)도 마찬가지.

예) I already replied to him. (저 이미 그에게 답신했어요.)
   Please respond to our invitation soon. (저희 초대에 금방 응답해 주세요.)

a. 영어 공부 초창기 때 끝없이 실수하는 바로 그것.

b. to (동사) = (동사)하기 위해
   예) to improve my English
   (내 영어를 향상시키기 위해)

c. for (명사) = (명사)를 위해
   예) for myself
   (내 자신을 위해)

예) I'm working to buy a house. (난 집을 사려고 일하고 있어.)
   I'm working for money. (난 돈을 위해 일하고 있어.)

a. overseas는 "해외"란 명사도 되지만 그 자체가 이미 "해외로 / 해외에서 / 해외에" 등의 부사도 됨.

b. "~에서"란 의미의 전치사 "in"을 또 쓸 필요가 없음.

c. 같은 뜻인 abroad도 마찬가지.

예) I don't want to move overseas. (나 해외로 이민 가고 싶지 않아.)
   Do you want to study abroad? (너 해외에서 공부하고 싶어?)

응용만이 살길

주어진 한글 문장을 영어로 '입영작' 해 본 뒤 아래 정답을 확인하세요.

1. Maria를 위하여! (건배할 때).
2. 모든 사람이 문제를 가지고 있지.
3. 당신이 내 아내라 참 다행이야!
4. 그만 울어 쫌!
5. 내 아들이 스트레스를 받고 있어.
6. 우리 형 큰일났어.
7. 나 우리 언니한테 물어봤어.
8. 그는 힘을 가진 남자야.
9. 너 그의 이메일에 답신했어?
10. 나 해외에서 일하고 싶어.

#정답

1. To Maria!
2. Every person has a problem.
3. Thank God you're my wife!
4. Stop crying for God's sakes!
5. My son is under stress.
6. My brother is in trouble.
7. I asked my sister.
8. He is a man with power.
9. Did you reply to his email?
10. I want to work overseas.

5 [표기/서식] 백신

몇 개나 맞는지 먼저 입영작해 보세요. ※ 충격과 공포 주의

예를 들어

저희 자정에 닫아요.

이거 Chris 거야.

하지만, 그는 날 떠나버렸어요.

Holmes 양.

[표기/서식] 백신

1 → 20

ex
예를 들어

"이게 틀려요?"
틀려요. 왜냐하면…

a. dollar ($) 표기는 금액 앞.
   예) 25 dollars = 25$ (×)
                    $25 (○)

b. cent (¢) 표기는 금액 뒤.
   예) 25 cents = ¢25 (×)
                  25¢ (○)

예) The total is $7. (총 7달러입니다.)
    I got this hairpin for 75¢. (나 이 머리핀 75센트에 샀어.)

a. ex는 for example의 잘못된 약자.

b. 라틴어 exempli gratia를 줄인 e.g.를 사용할 것.
   예) e.g. pizza, chicken, etc.

c. 읽을 땐 그냥 for example로.

예) e.g. lipsticks, eye shadows, blushers, etc. (예를 들어 립스틱, 아이 섀도우, 블러셔 등)
    e.g. Korea, France, Canada, etc. (예를 들어 한국, 프랑스, 캐나다 등)

3

저희 오후 2시에 열어요.

😭 : We open at pm2.

마유영어 : We open at 2pm.

 백신

a. am (오전) / pm (오후) 표기는 시간 뒤에.
   예) 오전 9시 = am9 (×)
                9am (○)
       오후 5시 = pm5 (×)
                5pm (○)

b. 오전인지 오후인지 뻔히 아는 거라면 am / pm은 생략하는 걸 추천.
   예) I'll see you at 2.
       (2시에 보자.)

예) I woke up at 7am. (나 오전 7시에 깼어.)
    We close at 9pm every day. (저희 매일 9시에 닫아요.)

4

걔네 작년에 미국으로 이민 갔어.

😭 : They moved to the U.S last year.

마유영어 : They moved to the U.S. last year.

 백신

a. 줄임말을 쓸 땐 period (.) 표기를 각 철자 뒤에 전부 넣든지 아니면 아예 넣지 말 것.
   예) 오후 2시 = 2p.m (×)
              = 2p.m. (○)
              = 2pm (○)

예) When did you move to the US? (너 미국으로 언제 이민 갔어?)
    Let's go to T.G.I. Friday's! (T.G.I. Friday's 가자!)

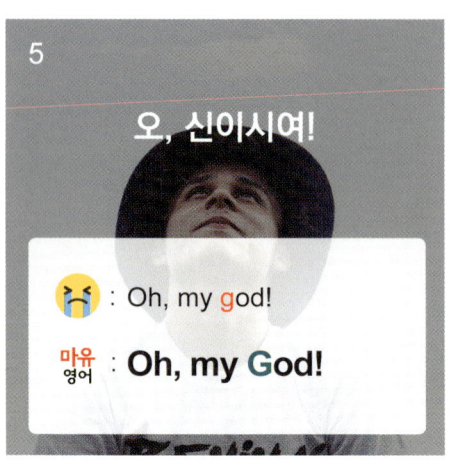

a. god (신)의 g는 대문자와 소문자 중 주관적으로 선택.

b. 신에 대한 존경을 나타내고 싶다면 대문자 G.
객관적인 입장을 고수하고 싶다면 소문자 g.

c. 전문적인 글에는 소문자 g 추천.

예) Thank you, God! (신이시여, 감사합니다!)
Do you believe in god? (신을 믿으시나요?)

a. 제목을 쓸 때 (스타일 가이드에 따라 조금씩 차이가 있음) 관사, 전치사, 등위접속사를 제외한 모든 단어의 첫 철자는 대문자.
예) The Power of Love
(사랑의 힘)
I Live My Life for You
(난 널 위해 살아)

예) La La Land (라라랜드)
The King of the World (세상의 왕)

7

나 커피 좋아해. 아메리카노, 카페 라테, 카라멜 마키아토 같은 거.

😭 : I love coffee, Americano, Café Latte, Caramel Macchiato, etc.

마유영어 : I love coffee: Americano, Café Latte, Caramel Macchiato, etc.

 백신

a. 문장과 밀접히 관련된 단어 리스트를 추가할 땐 comma가 아닌 colon (:)을 사용.
  예) I have two favorite car brands: Audi and Lamborghini.
  (내가 참 좋아하는 자동차 브랜드가 있어. Audi와 Lamborghini야)

예) She has two friends: Mike and Chris. (걔 친구가 둘이야. Mike랑 Chris.)
  I have three types of weapons: eyeliners, blushers, and lip tints.
  (난 세 종류의 무기가 있지. 아이라이너, 블러셔, 그리고 립 틴트.)

8

난 우유를 좋아해. 내 여친은 녹차를 사랑하고.

😭 : I like milk, my girlfriend loves green tea.

마유영어 : I like milk; my girlfriend loves green tea.

 백신

a. 문장과 밀접히 관련된 또 하나의 문장을 추가할 땐 comma가 아닌 semi-colon (;)을 사용.
  예) My friends hate Kyle; I don't.
  (내 친구들은 Kyle을 싫어해. 난 아닌데.)

예) She has two friends; they are Mike and Chris. (걔 친구가 둘이야. Mike랑 Chris지.)
  I have three types of weapons; they are all cosmetics.
  (난 세 종류의 무기가 있지. 모두 화장품이야.)

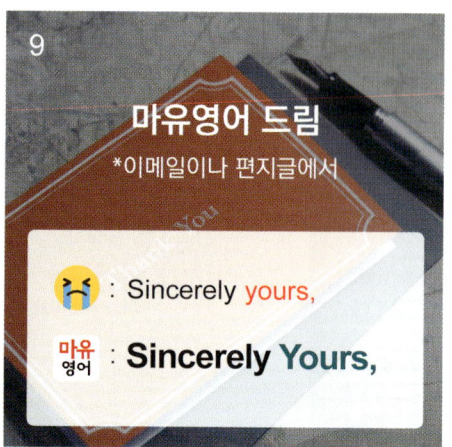

a. 이메일이나 편지를 "친애하는, 드림, 올림" 정도의 뜻을 가진 "Yours, Sincerely Yours, Truly Yours" 등으로 마무리 할 땐 각 단어의 첫 철자는 대문자로.
예) Truly yours (×)
　　Truly Yours (○)

예) Sincerely Yours,
　　Katie Park (친애하는 Katie Park 드림)

a. 왠지 자정은 늦은 오후 같지만 사실상, 하루가 시작되는 오전으로 간주하여 am을 사용.

b. pm을 쓰면 오후의 시작인 정오가 되어 버림.
예) 12 am = 밤 12시 = 자정
　　12 pm = 낮 12시 = 정오

예) I woke up at 12 a.m. (나 밤 12시에 깼어.)
　　I woke up at 12 p.m. (나 낮 12시에 깼어.)

a. 느낌표를 쓰는 것은 강조하는 느낌 대신 오히려 무례한 느낌을 줄 수 있음.

b. 특히 비즈니스 환경에서 열정을 표현한다고 느낌표를 넣는 것은 오히려 전문성 없게 보일 수 있으니 주의.

예) I'll be waiting for your call!!! (전화 기다리고 있겠습니드아아아!!!)
I'll be waiting for your call. (전화 기다리고 있겠습니다.)

a. 강조한다고 모든 철자를 대문자로 쓰는 것은 #11보다 더 금지.

b. 무례한 정도가 아니라 매우 짜증나게 느껴질 수 있으며 이건 SNS나 채팅 환경에서도 자제할 것.

예) YOU'RE WELCOME. (천!만!예!요!)
You're welcome. (천만에요.)

a. 따옴표 안에 문장을 넣을 땐 마침표를 찍고 따옴표를 마칠 것.

b. 영국식 영어에선 반대로 마침표를 밖으로 빼는 편.
   예) She said, "I hate you".
   (그녀가 말했어, "난 네가 싫어".)

예) Her dad asked, "Who are you?" (그녀의 아빠가 물어봤어, "넌 누구냐?")
My girlfriend whispered, "I hate you." (여친이 속삭였어, "자기 미워.")

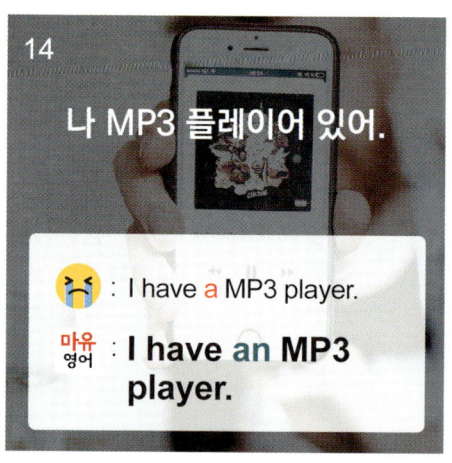

a. 명사 앞에 a를 넣을지 an을 넣을지는 스펠링이 아닌 발음이 결정.

b. 모음 발음으로 시작하면 an.
   예) an MVP
   → M = 스펠링은 모음이 아니지만 "엠"의 [에는 모음 발음.

c. 나머지는 a.
   예) a university
   → U = 스펠링은 모음이지만 [유]는 [ju]로 모음 발음이 아님.

예) She got an F on the test. (걔 그 시험에서 F 받았어.)
I've seen a unicorn. (나 유니콘 본 적 있어.)

a. 스펠링이 s로 끝나는 단어에 소유격 표기를 할 땐 그 뒤에 s를 추가하지 말 것.
   예) James's (×)
   　　James' (○)
   　　dancers's (×)
   　　dancers' (○)

b. 간혹 s를 찍는 경우도 있으나 오래된 방식이며 점점 버려지는 추세.

예) This is my girls' money. (이건 내 딸들의 돈이야.)
　　Edward is Ellis' boyfriend. (Edward는 Ellis의 남친이야.)

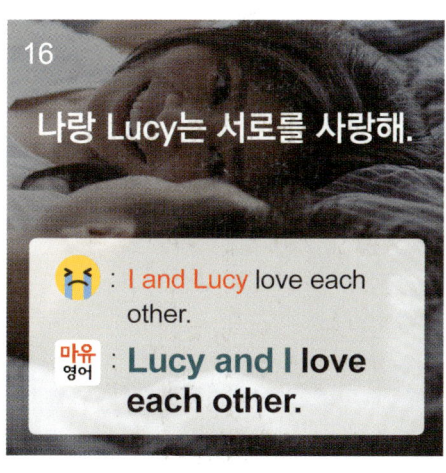

a. 2명 이상의 주어에 내가 포함되면 나 (= I)를 보통 맨 뒤에 위치시켜야 깔끔함.

b. 회화체가 아닌 이상 주어를 me 라고 쓰는 건 무조건 틀림.
   예) Me and my friends
   　　(회화체 only)
   　　My friends and I
   　　(회화체, 문어체)

예) Chloe, Serena, and I went shopping. (Chloe, Serena랑 난 쇼핑 갔어.)
　　My brother and I hate each other. (내 남동생이랑 난 서로 싫어해.)

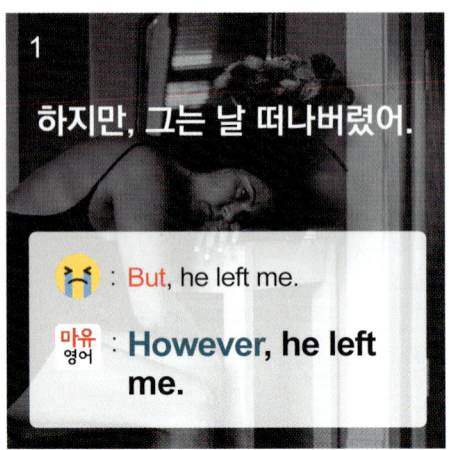

a. 격식을 갖춘 글에서는 문장의 시작을 But 대신 However로 하는 걸 추천.

b. but을 쓰고 싶다면 차라리 앞 문장에 녹여 넣을 것.
   예) I loved him, but he didn't love me.
   (난 그를 사랑했지만 그는 날 사랑하지 않았어.)

예) However, it wasn't easy for me. (하지만, 그건 내게 쉽진 않았지.)
    However, she didn't give up. (하지만, 그녀는 포기하지 않았죠.)

a. etc (기타 등등)이란 약자는 표기는 etc.로 하지만 읽을 땐 et cetera로 풀어서 할 것. 그리고 앞에 오는 단어 끝에 ,를 꼭 쓸 것.

b. 발음은 [엣 **쎄**러롸]에 가깝게.

c. 기타 등등의 것이 많다고 강조할 땐 et cetera를 두 번 연달아 읽으면 됨.

예) I like chicken, pizza, etc. (나 치킨, 피자 등등 좋아해.)
    I bought a skirt, shorts, a cardigan, etc. (나 치마, 반바지, 카디건 등등 샀어.)

a. Mrs.는 기혼여성 / Miss는 미혼 여성에게 사용.
   미혼여성에게 Mrs.는 큰 무례.
   기혼여성에게 Miss는 차라리 다행.

b. 상대방 여성이 기혼인지 미혼인지 확신이 없다면 안전하게 Ms.를 사용.

c. 발음은 [미z]에 가깝게.

예) Ms. Baek, you forgot something. (Baek 양, 뭘 잊고 가셨어요.)
   You're next, Ms. Hilton. (Hilton 씨, 다음 차례입니다.)

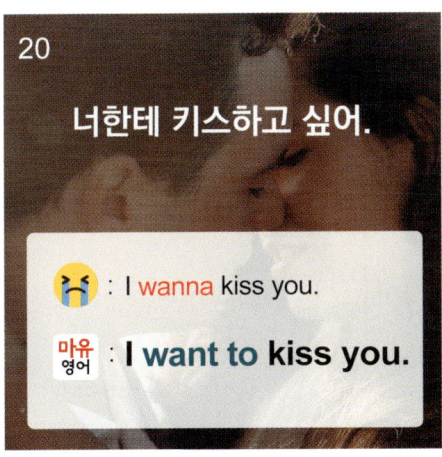

a. 격식을 갖춘 글에는 슬랭식 표기를 절대 쓰지 말 것.
   회화체에서도 일단 표준어에 익숙해진 후에 써도 늦지 않음.

b. 예) wanna → want to
   gonna → going to
   gotta → got to
   ain't → am/are/is not
   'cause / cuz / cos → because

예) I want to marry you. (나 너랑 결혼하고 싶어.)
   I'm going to leave soon. (나 곧 떠날 거야.)

응용만이 살길

주어진 한글 문장을 영어로 '입영작' 해 본 뒤 아래 정답을 확인하세요.

1. 나 75센트 있어.

2. 예를 들어 서울, 오사카, 베이징, 등등.

3. 우리 어제 오후 8시에 닫았어요.

4. 미국은 50개의 주를 가지고 있어.

5. 제목 : 세상의 끝

6. 난 두 개 브랜드를 좋아해. H&M 이랑 Forever21.

7. 우리 밤 12시에 도착했어.

8. 우리 엄마가 말했어, "넌 못생기지 않았어."

9. 이거 James 거야?

10. 나랑 내 친구들은 영어를 같이 공부해.

#정답

1. I have 75¢.

2. e.g. Seoul, Osaka, Beijing, etc.

3. We closed at 8pm yesterday.

4. The US has 50 states.

5. Title: The End of the World

6. I like two brands: H&M and Forever21.

7. We arrived at 12am.

8. My mom said, "You're not ugly."

9. Is this James'?

10. My friends and I study English together.

6 한 장을 다 쓸 만큼 시급한
백신 TOP 10

몇 개나 맞는지 먼저 입영작해 보세요. ※ 충격과 공포 주의

지금까지 다 좋아.　　　　　옷 좀 입어라.

　　그 미팅 좀 미뤄 줘.

　　　　　　　　나 머리 잘랐어.

그냥 버스를 타.

한 장을 다 쓸 만큼 시급한
백신 TOP 10

심하게 중요해서
참을 수가 없습니다.

1

숙제 내일까지 제출해.

😭 : Submit your homework until tomorrow.
마유영어 : Submit your homework by tomorrow.

a. until = ~까지 (계속)
   예) 여기서 5시까지 기다려. (Wait here until 5.)
       지금부터 5시까지 계속 기다리란 말이지
       지금부터 5시까지 1초만 기다리란 말이 아님.

b. by = ~까지 (한 번만)
   예) 나 거기 5시까지 도착해야 돼. (I have to get there by 5.)
       지금부터 5시까지 거기 한 번만 도착하면 되지
       지금부터 5시까지 계속 도착해야 된다는 말이 아님.

c. 부정문에도 사용 가능.
   예) I won't be home until 10.
       (10시까진 (계속) 집에 없을 거야.)

> 예) We talked until 10. (우리 10시까지 얘기했어.)
>   *1초만 얘기한 게 아니라 계속 얘기함.
>
>   Finish your homework by tomorrow.
>   (내일까지 숙제 끝내.) *한 번만 끝내면 됨.

a. until now = 지금까지
  → 과거에 시작된 일이 지금까지 진행되었으나 앞으로는 달라질 것이란 암시가 있음.
  예) I didn't know your name until now.
    (나 네 이름 지금까지 몰랐어.)
    지금까지 네 이름을 몰랐지만 앞으로는 알고 있을 것임을 암시.

b. so far = 지금까지
  → 과거에 시작된 일이 지금까지 진행되었다는 말일뿐 앞으로 달라질 거라는 암시는 없음.
  예) I like my job so far. (지금까진 일이 맘에 들어.)
    일단 지금까지는 일이 맘에 들었다는 말일뿐 앞으로도 맘에 들지 아닐지란 암시는 없음.

> 예) I thought you were single until now. (지금까지 너 싱글인 줄 알았어.) *앞으로는 네가 싱글이 아님을 알 것임.
> My computer has no problem so far. (지금까진 컴퓨터에 문제 없어.) *앞으로 문제가 있을 거란 암시 없음.

a. delay = 지연시키다
　→ 미뤄지는 게 의도적이지 않음 (보통 미뤄지는 시기가 안 정해짐).
　예) The show was delayed due to the system error.
　　　(시스템 에러 때문에 그 쇼가 지연됐어.)
　　　The flight is being delayed. (비행이 지연되고 있습니다.)

b. postpone = 미루다
　→ 미루는 행동이 의도적임 (보통 미뤄지는 시기가 정해짐).
　예) We postponed the meeting. (우린 그 미팅을 미뤘어.)
　　　It was postponed until Friday. (그거 금요일로 미뤄졌어.)

예) The game was delayed due to the rain.
　　(비 때문에 게임이 지연됐어.)
　　Michael Jackson postponed the rehearsal.
　　(Michael Jackson이 리허설을 미뤘어.)

a. wear = ~를 입은 상태다
   → 이미 입고 다니고 있는 상태를 강조.
   예) I'm wearing a shirt. (나 셔츠 입고 있어.)
      이미 셔츠를 입고 있는 상태란 말이지 머리를 셔츠 안으로
      집어 넣고 팔을 넣어 빼는 등의 동작을 하고 있단 말이 아님.

b. put on = ~를 입다
   → 입는 동작을 강조.
   예) I'm putting on pants. (나 바지 입고 있어.)
      다리를 집어 넣고 지퍼를 올리고 벨트를 매는 동작을 하고
      있다는 말.

c. "(신발을) 신다 / (화장품을) 바르다"에도 똑같이 적용.

> 예) I'm wearing makeup. (나 화장한 상태야.)
>   *얼굴이 이미 화장으로 하얀 상태임.
>   I'm putting on makeup right now. (나 지금 화장하고 있어.)
>   *얼굴에 찍어 바르고 있음.

a. try to + (동사) = (동사)하려고 노력하다
   → 동사 자체가 이루려는 최종 목표.
   (예) I'm trying to lose weight. (나 살 빼려고 노력 중이야.)
   살 빼는 게 최종 목표임.

b. try + (~ing) = (~ing)하는 걸 시도해 보다
   → 목표를 이루려는 노력의 일환으로 뭔가를 시도해 봄.
   (예) So, I tried exercising. (그래서 운동하는 걸 시도해 봤어.)
   살 빼는 걸 이루려는 노력의 일환으로 운동하는 걸 시도해 봄.

> (예) I tried to love her. (난 그녀를 사랑해 보려고 노력했어.)
> *사랑하는 게 최종 목표임.
> So, I tried seeing her every day. (그래서 그녀를 매일 보는 걸 시도해 봤지.) *그 노력의 일환으로 매일 만나는 걸 시도해 봄.

[속보] NOT AT ALL보다 AT ALL이 더 중요해

😭 : "not at all"은 알고 있음

마유영어 : "at all"은 뭔지 모름

a. "not at all"이 "전혀 ~ 아닌"이란 뜻인 건 들어봤지만 왜 이게 "전혀 ~ 아닌"인지 at all 자체는 무슨 뜻인지 모르는 아이러니.

b. at all = 조금이라도

c. "not at all"의 탄생 비화:
   1. at all = 조금이라도
   2. not + at all = 조금도 ~ 아닌
   3. not at all = 전혀 ~ 아닌

   비교) Do you love me at all? (너 나 조금이라도 사랑하긴 하냐?)
   I don't love you at all. (나 너 조금도 안 사랑해. = 전혀 안 사랑해.)

   예) Am I your type at all? (내가 조금이라도 네 타입이긴 해?)
   You're not my type at all. (넌 조금도 내 타입이 아냐. = 전혀 내 타입이 아냐.)

a. 머리를 직접 자른 게 아니라 스타일리스트에게 맡긴 상황
컴퓨터를 직접 고친 게 아니라 전문가에게 맡긴 상황
점을 직접 뺀 게 아니라 피부과 의사에게 맡긴 상황

b. 이렇게 뭔가를 자신이 직접 한 게 아니라 남을 시켜서 했을 땐
→ get + (목적어) + (p.p.) = 남을 시켜서 (목적어)를 (p.p.)되게 하다

비교) I washed my car. = 내가 직접 세차를 했음
I got my car washed. = 남을 시켜서 내 차를 씻게 했음
= 세차장에서 세차 받았음

예) I got my body massaged. (나 마사지 받았어.)
*마사지 관리사가 해 줌.
I got my nose done. (나 코했어.) *의사 선생님이 해 줌.

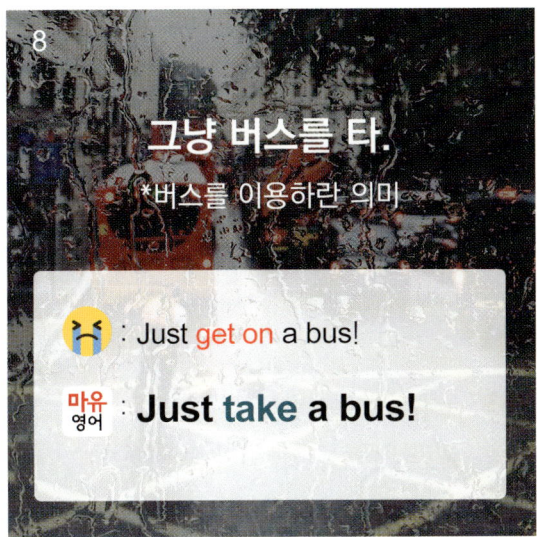

a. get in / on + (교통수단) = (교통수단)에 물리적으로 타다
   → 택시 문을 열고 들어가거나 버스 계단을 오르는 동작을 말함.
   예) Get in the car. It's raining! (차에 타. 비 오잖아!)

b. take + (교통수단) = (교통수단)을 이용하다
   → 택시나 버스 등을 이용하는 것을 말함.
   예) Take bus #123. (123번 버스 이용해.)

c. 한국어에선 올라타는 것도 "타다", 이용하는 것도 "타다"이기 때문에 헷갈릴 수 밖에 없는 자연스러운 실수.

예) I took a plane to Busan. (나 부산에 비행기 타고 갔어.)
But I got on the plane late. (근데 그 비행기에 늦게 탔어.)

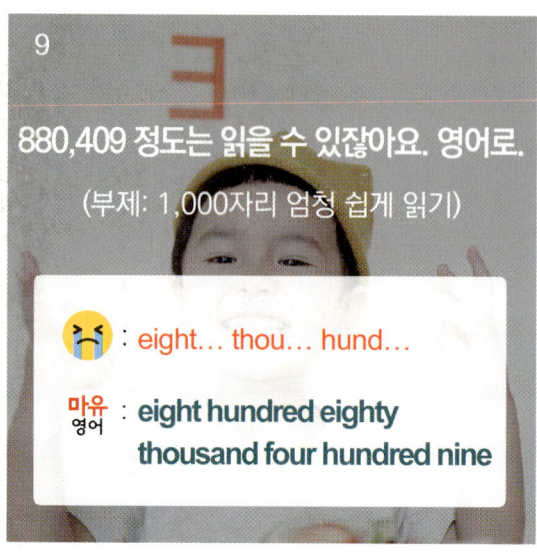

a. 1,000자리 이상 읽는 법
   1. comma 앞 숫자를 읽음.
   2. comma를 thousand로 읽음.
   3. comma 뒤 숫자를 읽음 (000이면 안 읽음).

   예) 880,409
      1. 880 = eight hundred eighty
      2. , = thousand
      3. 409 = four hundred nine
      4. Eight hundred eighty **thousand** four hundred nine

b. 백만 자리(1,000,000)를 넘어갔다?
   첫 comma만 million으로 바꾸면 끝.
   예) 987,654,321
      = nine hundred eighty seven **million** six hundred fifty four **thousand** three hundred twenty one

   예) 123,456 (one hundred twenty three thousand four hundred fifty six)
   10,000 (ten thousand)

10 특수기호 영어 이름 총정리

😭 : 느낌표도 영어로 모르겠음

마유영어 : **exclamation point**

- \+ 더하기 (plus sign)
- − 빼기 (minus sign)
- = 등호 (equal sign)
- : 콜론 (colon)
- ; 세미콜론 (semi-colon)
- , 쉼표 (comma)
- $ 달러 표시 (dollar sign)
- % 퍼센트 표시 (percent)
- / 사선 (slash)
- \ 역 사선 (backslash)
- . 마침표 (period)
- . 소수점 (decimal point)
- … 말 줄임 (dot dot dot)
- ? 물음표 (question mark)
- ! 느낌표 (exclamation point)
- "" 따옴표 (quotation marks)
- # 숫자 표시 (number sign)
- # 전화버튼의 우물 정 (pound sign)
- # 음악에서 샵 (sharp)
- ~ 물결표시 (tilde)

- | 수직선 (vertical bar)
- * 일반별표 (asterisk)
- * 전화버튼 별표 (star)
- 〈 더 작음 표시 (less than sign)
- 〉 더 큼 표시 (greater than sign)
- @ 골뱅이 (at sign)
- ^ 삽입기호 (caret)
- & 그리고 (ampersand/and)
- _ 밑줄표시 (underscore)
- − 단어·숫자 연결 표시 (dash/hyphen)
- ( ) 양쪽괄호 (parentheses)
- (왼쪽괄호 (left parenthesis)
-) 오른쪽괄호 (right parenthesis)
- { } 양쪽중괄호 (curly brackets)
- { 왼쪽중괄호 (left curly bracket)
- } 오른쪽중괄호 (right curly bracket)
- [ ] 양쪽대괄호 (square brackets)
- [왼쪽대괄호 (left square bracket)
-] 오른쪽대괄호 (right square bracket)

응용만이 살길

주어진 한글 문장을 영어로 '입영작' 해 본 뒤 아래 정답을 확인하세요.

1. 나 6시까지 공부해야 돼.
2. 너 여기 5시까지 도착할 수 있어?
3. 모든 게 완벽해 지금까지는.
4. 그 프로듀서가 내 콘서트를 미뤘어.
5. 나 지금 치마 입고 있어. *막 치마에 다리를 넣으며
6. 채소 먹는 걸 시도해 봐. *다이어트의 일환으로
7. 나 여기서 머리 잘랐어. *미용실을 가리키며
8. 너 조금이라도 먹었니?
9. 택시 타자. *버스는 너무 오래 걸릴 것 같다며
10. 781,116 영어로?

#정답

1. I have to study until 6.
2. Can you get here by 5?
3. Everything is perfect so far.
4. The producer postponed my concert.
5. I'm putting on a skirt.
6. Try eating vegetables.
7. I got my hair cut here.
8. Did you eat at all?
9. Let's take a taxi.
10. seven hundred eighty one thousand one hundred sixteen

aloe가 [알로에]가 아닌 것으로 밝혀져
[발음] 백신 TOP 100

CAUTION:
1. 미국식 발음을 기준으로 했습니다.
2. [한글 + 영어] 퓨전 스타일 발음 표기는 이해를 돕기 위한 보조바퀴 역할일 뿐입니다. 참고만 하세요.
3. 발음기호에서 별색으로 표시된 부분에 강세를 넣어 읽으세요.

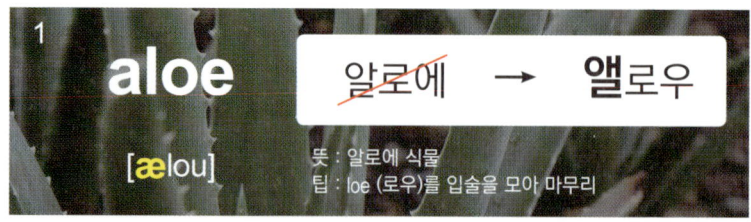
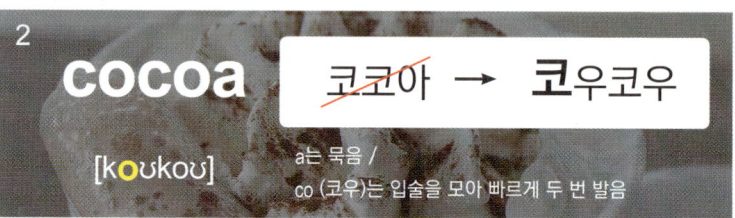
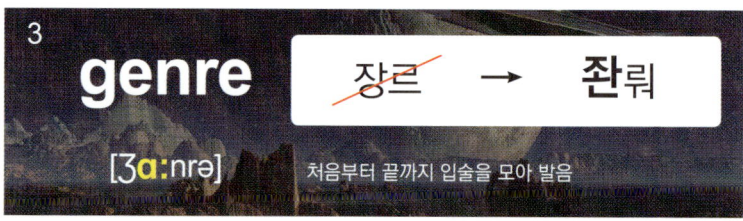
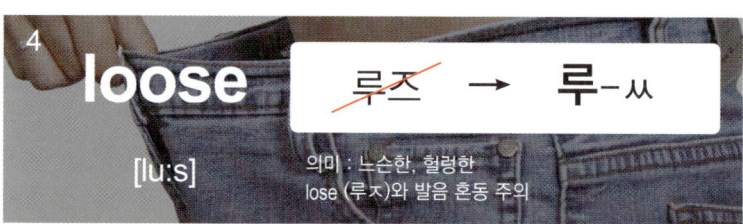

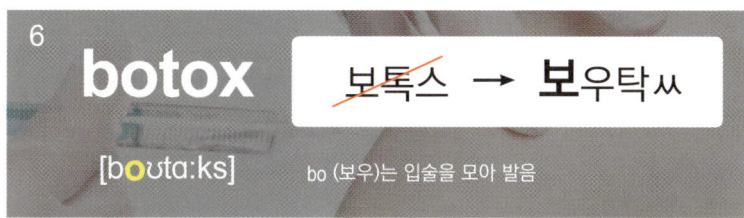

6 **botox** [boʊtaːks]

보톡스 → **보**우탁ㅆ

bo (보우)는 입술을 모아 발음

7 **receipt** [rɪsiːt]

뤼쎕트 → 뤼**씨**잇

의미 : 영수증
p는 묵음 / ceipt (씨잇)은 입을 양 옆으로 벌려 발음

8 **cupboard** [kʌbərd]

컵보드 → **커**벌ㄷ

의미 : 찬장
p는 묵음

9 **suit** [suːt]

슈트 → **쑷**

의미 : 정장
동사 "어울리다"로 쓰일 때도 같은 발음

10 **common** [kaːmən]

커먼 → **카**믄

의미 : 흔한
강세를 ∞ (카)에 주지 않으면 "Come on!"과 혼동될 수 있음

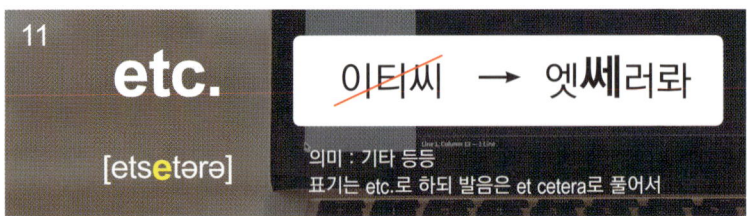

보너스 1 : [발음] 백신 TOP 100   243

21 **doubt** 다웁트 → 다웃
[daʊt]
의미 : 의심, 의심하다
b는 묵음

22 **yacht** 요트 → 얏
[jɑ:t]
"얏!" 하듯 짧게 끊지 말고 조금 천천히 늘려서 발음

23 **colon** 콜론 → 코울른
[koʊlən]
강세를 뒤에 줘 버리면 "향수"란 의미의 cologne (컬로운)과 혼동될 수 있음

24 **caffeine** 카페인 → 캐fᵢn
[kæfi:n]
ffeine (fᵢn)을 발음할 때 입술이 서로 붙지 않게 주의

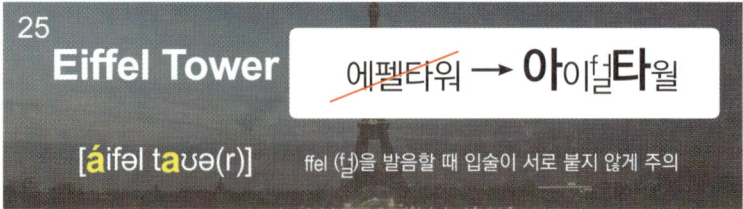

25 **Eiffel Tower** 에펠타워 → 아이널타월
[áifəl taʊə(r)]
ffel (널)을 발음할 때 입술이 서로 붙지 않게 주의

26 **lingerie**
[lɑːndʒəreɪ]
란제리 → 란줘**뤠**이
의미 : 속옷
rie (뤠이)를 늘리듯 발음

27 **missile**
[mɪsl]
미사일 → 미썰
mi (미)에 강세를 강하게 줘서 살짝 [밋썰]에 가깝게 발음

28 **recipe**
[resəpi]
레시피 → 뤠써피
re (뤠)에 강세를 강하게 줘서 발음

29 **use**
[juːs]
유즈 → 유쓰
의미 : 사용
use의 se는 동사일 경우에만 [z—]처럼 발음

30 **coupe**
[kuːp]
쿠페 → 쿱
의미 : 문어 보통 두 개 달린 쿠페형 자동차

보너스 1 : [발음] 백신 TOP 100

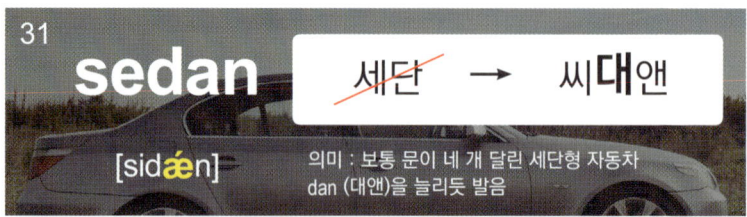

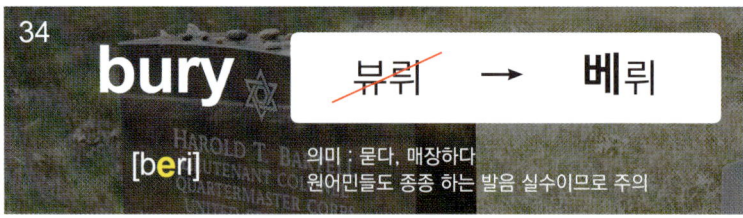

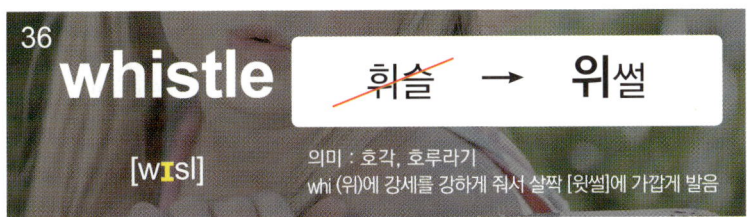

36
whistle
[wɪsl]
휘슬 → 위썰
의미 : 호각, 호루라기
whi (위)에 강세를 강하게 줘서 살짝 [윗썰]에 가깝게 발음

37
film
[fɪlm]
필름 → fl음
l을 발음하지 않는 기분으로

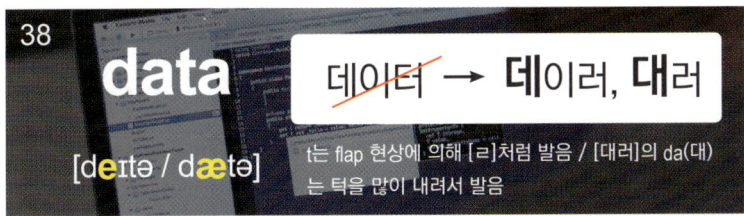

38
data
[deɪtə / dætə]
데이터 → 데이러, 대러
t는 flap 현상에 의해 [ㄹ]처럼 발음 / [대러]의 da(대)는 턱을 많이 내려서 발음

39
chaos
[keɪɑːs]
카오스 → 케이아ㅆ
의미 : 혼돈
세탁기 광고에 나오는 발음은 잊을 것

40
nuance
[nuːɑːns]
뉘앙스 → 누안ㅆ
nu (누)를 [뉴]라고 발음할 수도 있음

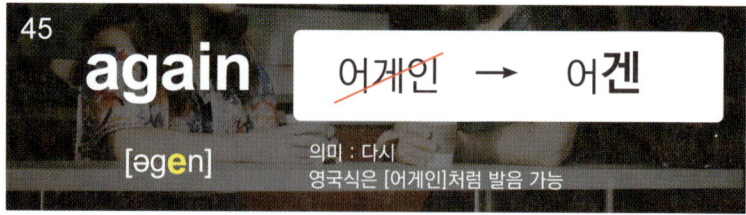

46 **against** [əgenst]
어게인스트 → 어**겐**ㅅㅌ
의미 : ~를 상대로
영국식은 [어게인스트]처럼 발음 가능

47 **purpose** [pɜːrpəs]
펄포우즈 → **펄**퍼ㅆ
의미 : 목적
pur (펄)에 강세를 강하게 줘서 살짝 [펄프ㅆ]에 가깝게 발음

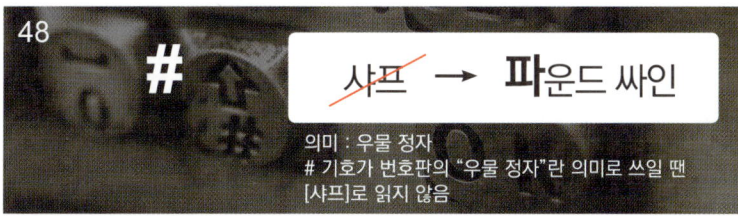

48 **#**
샤프 → **파**운드 싸인
의미 : 우물 정자
기호가 번호판의 "우물 정자"란 의미로 쓰일 땐 [샤프]로 읽지 않음

49 **veteran** [vetərən]
베테랑 → v**에**러뤈
t는 flap 현상에 의해 [ㄹ]처럼 발음

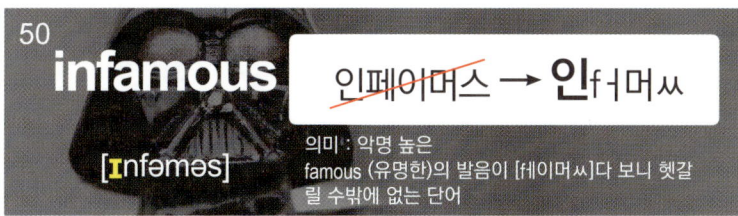

50 **infamous** [ɪnfəməs]
인페이머스 → **인**f어머ㅆ
의미 : 악명 높은
famous (유명한)의 발음이 [f에이머ㅆ]다 보니 헷갈릴 수밖에 없는 단어

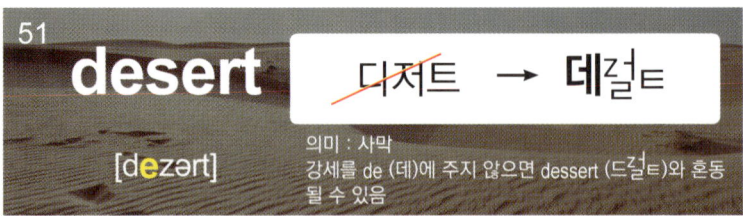

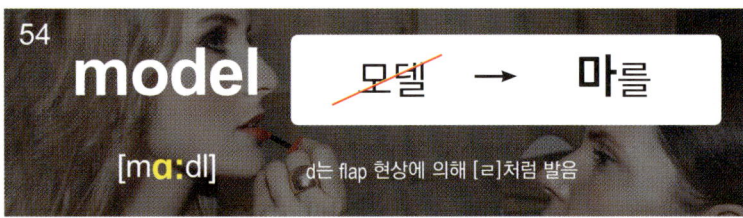
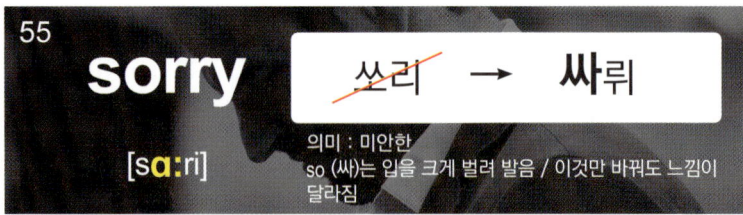

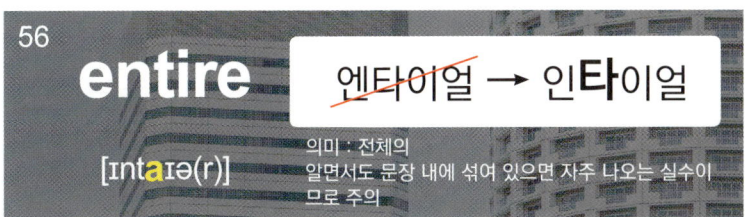

56 **entire**
[ɪntaɪə(r)]
엔타이얼 → 인**타**이얼
의미 : 전체의
알면서도 문장 내에 섞여 있으면 자주 나오는 실수이므로 주의

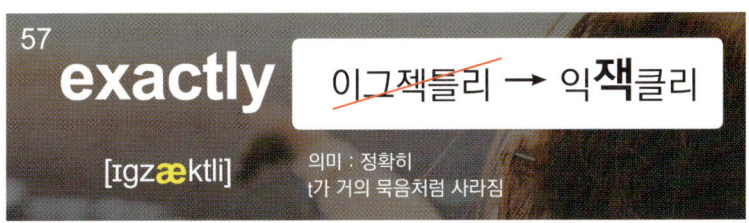

57 **exactly**
[ɪgzæktli]
이그젝틀리 → 익**잭**클리
의미 : 정확히
t가 거의 묵음처럼 사라짐

58 **angel**
[eɪndʒl]
엔젤 → **에**인즐
의미 : 천사
gel (즐)은 입술을 모아 발음

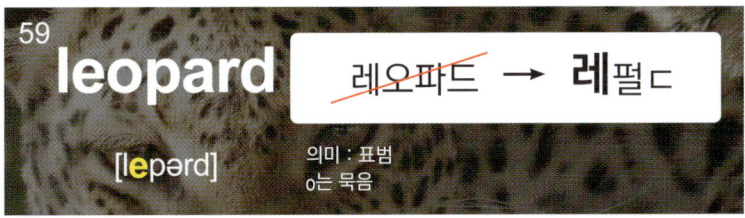

59 **leopard**
[lepərd]
레오파드 → **레**펄ㄷ
의미 : 표범
o는 묵음

60 **crayon**
[kreɪən]
크레용 → 크**뤠**이언
의미 : cra (크뤠이)는 입술을 모아 발음

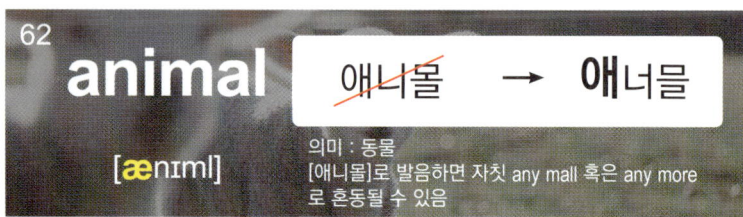
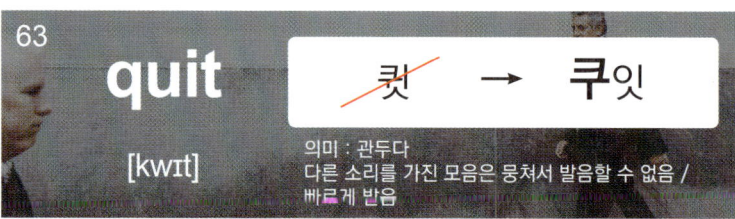
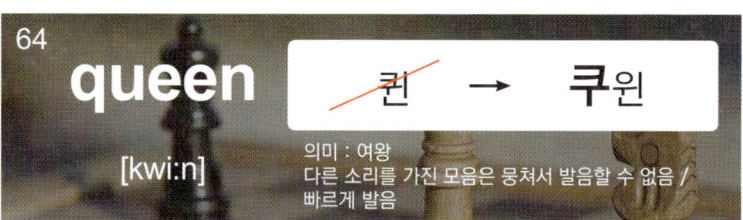
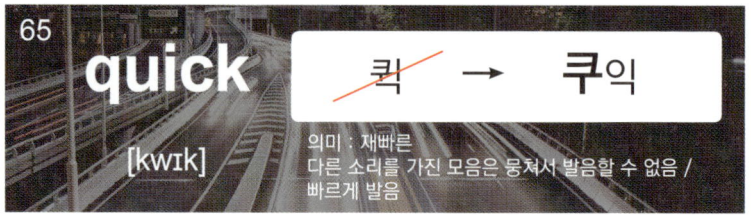

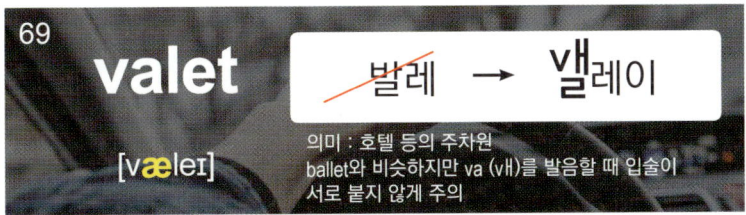

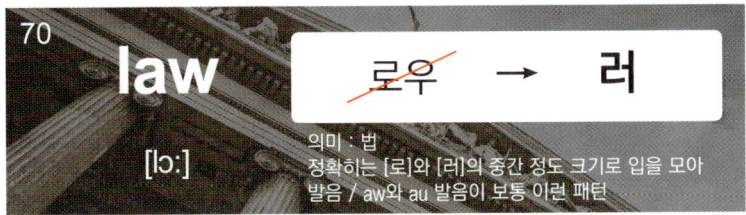

보너스 1 : [발음] 백신 TOP 100   253

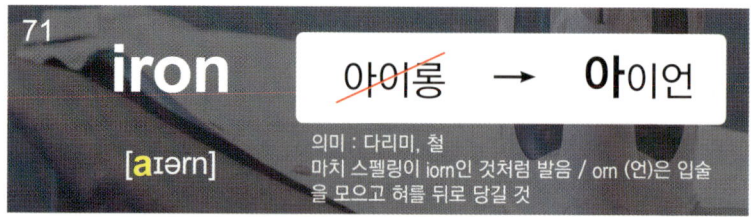
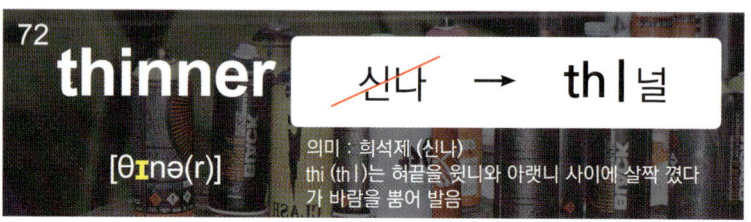
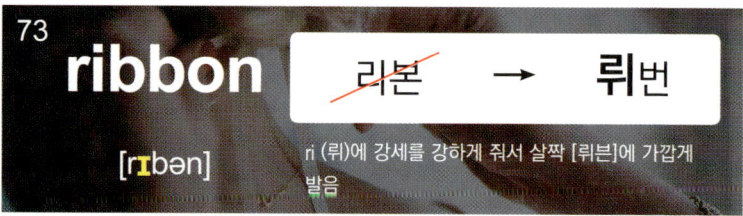

76 **debut** 데뷔 → 데이**뷰**
[deɪbjuː]
de (데이)를 늘리듯 발음 / t는 묵음

77 **Pilates** 필라테스 → 필**라**리z
[pɪlɑːtiːz]
t는 flap 현상에 의해 [ㄹ]처럼 발음

78 **Styrofoam** 스타로폼 → 스**따**이어뤄f움
[stáɪərəfòum]
foam (f움)을 발음할 때 입술이 서로 붙지 않게 주의

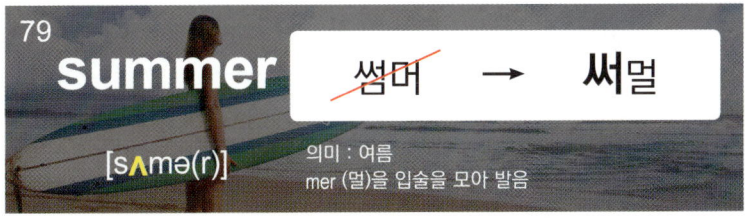

79 **summer** 썸머 → 써멀
[sʌmə(r)]
의미 : 여름
mer (멀)을 입술을 모아 발음

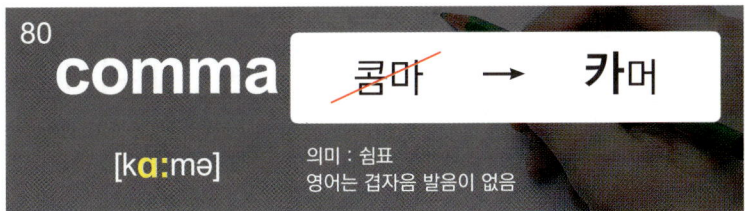

80 **comma** 콤마 → 카머
[kɑːmə]
의미 : 쉼표
영어는 겹자음 발음이 없음

보너스 1 : [발음] 백신 TOP 100   255

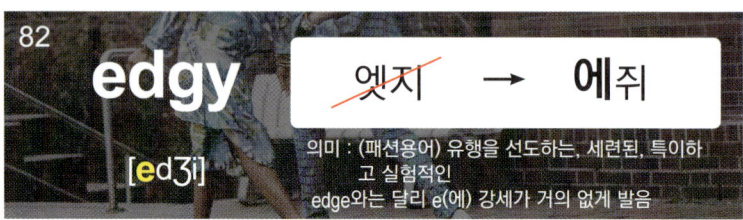
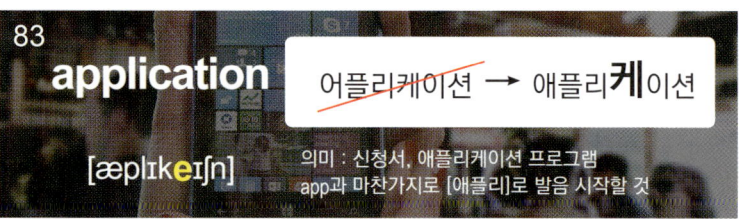
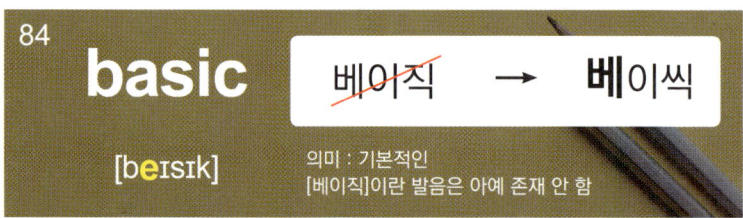
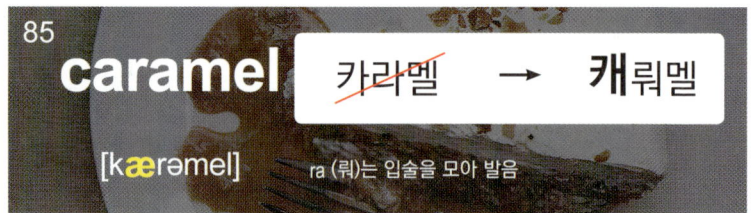

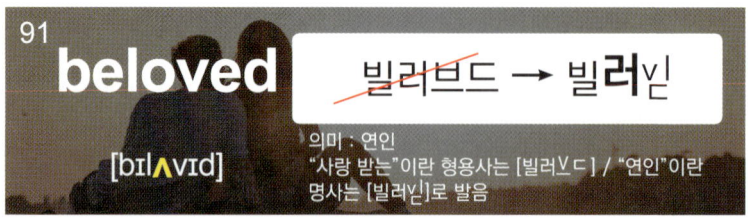

96 fiancée
[fiːɑːnseɪ]

피앙세 → fㅣ안쎄이

의미 : 약혼녀
fiance (약혼남)도 똑같이 발음

97 label
[leɪbl]

라벨 → 레이벌

의미 : 상표
ㅣ발음을 강화시키기 위해 [블]보다는 [벌]에 가깝게 발음

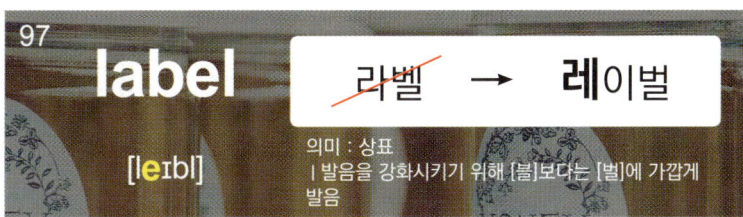

98 repertoire
[repərtwɑː(r)]

레파토리 → 뤠펄트왈

re (뤠)는 입술을 모아 발음

99 theme
[θiːm]

테마 → thㅣ임

the (thㅣ)는 혀끝을 윗니와 아랫니 사이에 살짝 꼈다가 바람을 뿜어 발음

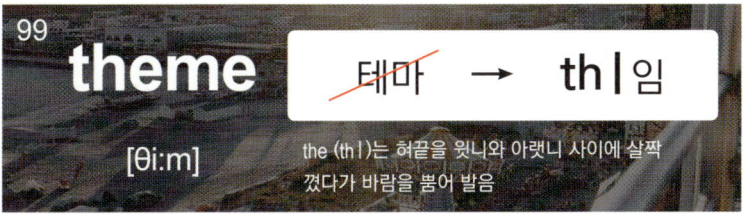

100 salmon
[sæmən]

쌀몬 → 쌔먼

의미 : 연어
l은 묵음 / sa (쌔)에 강세를 강하게 줘서 살짝 [쌔믄]에 가깝게 발음

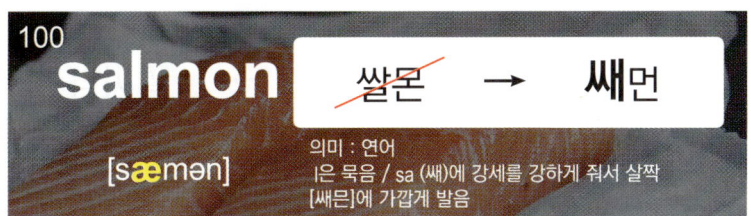

이제 이런 문장들을 영어로 자연스럽게 말할 수 있게 됩니다.

찾는 사람이 임자지.

　　꿈 깨.

　　　　　　　　내가 뭐라디?

우리 이제 쌤쌤인 거다.

　　　　　　　　어느 걸로 할까요. 알아맞혀 봅시다. 딩동댕.

큰일날 뻔했네!

　　　　　　　네가 무슨 의사야?

　　　　　그만 좀 빈둥대.

나 뽕 갔어.

　　　　　　　　너 딱 걸렸어.

보너스 2

"이게 영어로 가능하긴 한가?"싶은
문장 TOP 99

일부러
그런 것만 골라 알려 드립니다

a. 말 그대로 "찾는 사람이 갖게 되는 사람이다." 란 의미.

a. on : 계속
b. "계속 꿈꿔 봐라 그렇게 되나."하며 비꼬는 표현.

a. "Eat a lot."과는 달리 마음껏 먹으란 느낌이 스며 있는 표현.

a. "Let's Dutch."는 말이 안 되도 너무 안 됨.
b. Dutch 방식으로 내자는 의미.

a. 남의 행동이나 말에 격하게 실망했을 때.
   예) 친구가 소개팅 시켜 줘 놓고 정작
       자기가 사귐.

a. wish는 hope와 달리 뭔가 벌어지길 바라는 게
   아니라 어차피 안 될 일에 대한 아쉬움을 표현.
   예) 페라리를 사고 싶지만 통장 잔금 2만원

a. 거의 관용적으로 굳어진 표현.
b. "I told you! (내가 말했지?)"도 같은 표현.

a. yeah와 right에 한번씩 강하게 억양을 주면 남의 말을 비꼬는 표현으로 변신.

a. 거의 관용적으로 굳어진 표현.
b. seen 대신 met을 사용함으로써 첫 만남을 가진 적 있냐는 느낌을 더욱 어필.

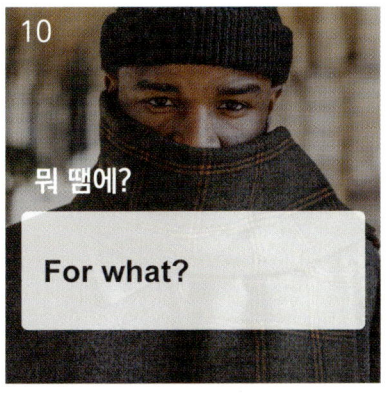

a. 어떤 행동의 목적을 물을 때 why보다 강하게 사용.
　예) 친구가 전 여친에게 전화했다고 할 때

a. stranger : 낯선 사람
b. 아이들에게 외국 나가기 전에 꼭 가르쳐 줘야 할 표현.

a. "Do you think so? (그렇게 생각해?)"의 축소 버전.
b. 일상, 영화, 미드 할 것 없이 사용빈도 1억.

a. go : 진행되다
　예) It's going well. (잘 되고 있어.)
　　　It didn't go well. (잘 안 됐어.)

a. 방문객에게 예의상 하는 표현.
b. "스스로의 상태를 집에 있는 것처럼 만들어라." 가 의역된 표현.

a. buzz : 윙윙거림, 소란스러움
b. 사람들이 웅성거릴 때 무슨 일인지 궁금해하며 내뱉는 표현.

a. 상대의 말이나 행동에 동의하거나 칭찬할 때.
b. "Alright!"과 매우 흡사한 표현.

a. "Dream on."의 다른 버전.
b. "꿈 속에서나 이뤄라."하며 비꼬는 표현.

a. for a reason : 이유가 있어서
b. 운명을 받아들이라는 의미 혹은 가벼운 일에 대한 위로로도 사용.

a. go ahead : 앞으로 나아가다 (진행하다)
b. 할 말 혹은 하던 말을 계속하란 의미.

a. deserve : ~를 받을 만하다
b. 여기서 it은 상대방이 당한 나쁜 일.

a. "너한테 무슨 일이 벌어지고 있길래 그래?" 가 의역된 표현.
b. 상대방의 행동이나 말에 짜증났을 때.

a. get something out : ~를 끄집어내다
b. 여기서 it은 상대방의 마음에 쌓인 고민이나 불만.

a. even : 동등한
b. 이제 서로 빚진 거 없단 의미.

a. 반드시 짜증난 말투와 표정으로 해야 이런 의미로 통함.
　예) 더운데 친구가 계속 어깨동무할 때

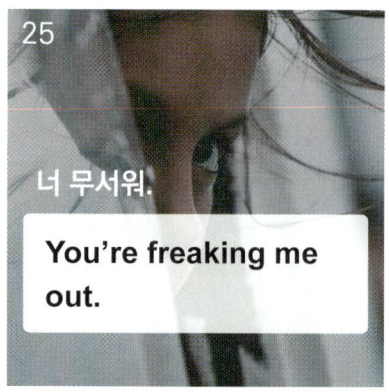

a. freak someone out : ~를 질겁하게 만들다
b. 상대방이 상식을 벗어난 이상한 행동이나 말을 할 때.

a. in : 참여하고 있는
   on : ~에 관하여
   예) 친구들이 단체로 짜고 친 거짓말에 빠졌던 절친이 있을 때

a. mean : 의미하다
   예) 아이가 계속 장난감 사달라고 조를 때
       싫다고 했는데도 누군가 계속 들이댈 때

28 말은 쉽지.
Talk is cheap.

 팁

a. "말하는 건 돈이 많이 안 든다."가 의역된 표현.
　예) 친구가 사업할 거란 말만 10년간 해오고 있을 때

29 저 이거 타요.
This is me.

 팁

a. 자기가 탈 버스나 지하철이 왔을 때 간단하게.

30 큰일날 뻔했네!
That was close!

 팁

a. close : 벌어질 뻔한
　예) 상대팀이 골을 넣을 뻔했을 때
　　　휴대폰을 변기에 빠뜨릴 뻔했을 때

보너스 2 : 영어로 가능한가 싶은 문장 TOP 99　271

a. 뭔가를 말한 후 분위기가 아니다 싶을 때.
   예) I think you like me. (정적) Or not.

a. 뭔가를 무작위로 선택할 때.
b. 정해진 스펠링은 없음.
   예) eeny, meeny, miney, mo 등

a. 자신에게 하이파이브 해달라고 할 때, "High five!" 대신 많이 사용.

a. do : 충분하다
b. 뭔가가 적당하거나 충분하다고 할 때.
    예) 김치찌개의 간을 보며

a. "I will."보다 조금 더 슬랭적인 표현.
    예) 친구가 연락하라고 할 때

a. "I'm speechless." 대신 사용할 수 있는 표현.
    예) 친구의 결별 소식을 들었을 때
        선물 상자에 다이아몬드 반지가 번쩍
        이고 있을 때

a. backstab : 등을 찌르다
b. 갑자기 배신당했을 때 betray 대신 사용.

a. 비꼬는 톤을 연출할 때.
  예) What are you, a model?
    (네가 무슨 모델이야?)
b. comma에서 살짝 쉬어 주는 것이 핵심.

a. 상대방이 막연한 미래에 대해 물어볼 때.
  예) 우리 사이는 어떻게 될까?
    걔네 헤어질까?

a. mind : 신경 쓰다 / business : 소관
b. "당신 일이나 신경 쓰세요."가 의역된 표현.

a. time을 복수로 쓰면 "시대"란 의미.
b. 바뀌어 있는 현재가 중요하므로 have p.p. 사용.

a. make : 해내다
b. 여기서 it은 상대방이 해낸 일.
  예) 친구가 오디션을 통과했을 때

a. nail : 아주 잘해 내다
b. 여기서 it은 상대방이 아주 잘해 낸 일.
　예) 친구가 음 이탈 없이 노래를 마쳤을 때

a. take : 받아들이다
b. 한국어와 마찬가지로 이미 듣자마자 살짝
　기분 나빠지는 표현.

a. behave oneself : 예의 있고 상식적으로
　행동하다
　예) 아이가 식당 바닥에 아예 누워 버렸을 때
　　 남친에게 나 없는 동안 처신 잘하라고
　　 할 때

a. talk behind someone's back : ~의 뒷담화를 하다
b. "누군가의 등 뒤에서 얘기하다"가 의역된 표현.

a. "Calm down."보다 조금 더 슬랭적인 표현.
 예) 상대방이 싸움을 걸어올 때
    누군가 식당에서 너무 떠들 때

a. mess around : 빈둥대다
b. "slack off"도 흡사한 표현.

a. 한국어와 똑같이
   kill time : 시간을 죽이다

a. flake out : 막판에 발을 빼다
   예) 사업 같이 하자 해놓고 막판에 사라짐

a. 한국어로 용기 (bravery) 대신 깡 (guts)을 쓰는 격.
   예) 바람 핀 남친이 뻔뻔하게 찾아왔을 때

52

그냥 넘어가자 좀.

Let's just move on.

 팁

a. move on : 극복해 나아가다
b. 화제를 바꾸고 싶을 때 사용.

53

나 뿅 갔어.

I was blown away.

 팁

a. blow someone away : ~를 완전히 감탄하게 만들다
   예) 뮤지컬 배우의 노래에 엄청 감탄했을 때

54

여기서부턴 제가 알아서 할게요.

I'll take it from here.

 팁

a. 여기서 it은 알아서 할 일을 의미.
   예) 앞 사람의 프레젠테이션 분량이 끝나고 내가 이어나갈 때

a. mean : 의도해 말하다, 행동하다
b. 추가 : I mean it. = 진심이야.

a. 문장 앞에 넣어도 되고, 뒤에 넣어도 됨.
  예) If it's okay with you, I'd like to date you.
    (너만 괜찮다면, 너랑 데이트하고 싶어.)

a. 한심하다는 느낌으로도, 귀여운 느낌으로도 사용.
  예) 남자들이 지나가는 여자를 단체로 쳐다볼 때
b. 추가 : 여자들이란… = Women… 혹은 Girls…

a. 여기서 will은 습관을 의미.
b. 전형적으로 남자스러운 행동에 대한 코멘트.
예) 남자아이가 자동차 장난감에 심취한 모습을 보며

a. "네가 내 신발을 신어 봐야 이게 작은지 큰지 안다."가 의역된 표현.

a. busted : 발각된
b. caught보다 조금 더 슬랭적인 단어.

a. crack up : 갑자기 심하게 웃다
b. 남을 빵 터지게 할 땐 crack someone up.

a. keep someone posted : ~에게 계속 상황 변화를 말해 주다
예) 일이 생길 수도 있어서 만날 약속에 대한 확답을 못 줄 때 사용

a. sick : 죽여주는, 진짜 멋진
b. awesome / cool보다 슬랭적이면서 강한 표현.

a. 비도덕적인 + 야비한 + 부당한 행동에 대해 비난할 때.
   예) 여자를 때린 남자에게
   "You hit a girl? That's so low, man."
   (여자를 때렸어? 이 야비한 놈아.)

a. match (매치시키다)에서 온 신조어.
   예) Do you think this is too matchy-matchy?
   (이거 너무 깔 맞춤인 것 같지 않냐?)

a. 회화체에서 인기 높은 몇 안 되는 옛 속담.
b. "참는 것 (patience)가 미덕 (virtue)이다."의 의역.

a. 돈 (buck)을 주고 얻을 수 있는 최고의 가치, 결과 (bang)란 의미.
b. best 대신 most 또한 사용.

a. 배 (ship)가 이미 항해를 떠났다 (has sailed)의 의역 표현.
b. 사용빈도는 조금 낮은 편.

a. long face : 시무룩한 표정
b. 우울해서 얼굴이 늘어짐을 표현.

70

돌려 말하지 마.

Don't beat around the bush.

a. 덤불 (bush) 주위만 맴돌지 말란 의미.
b. 추가 : Just cut to the chase. (본론만 말해.)

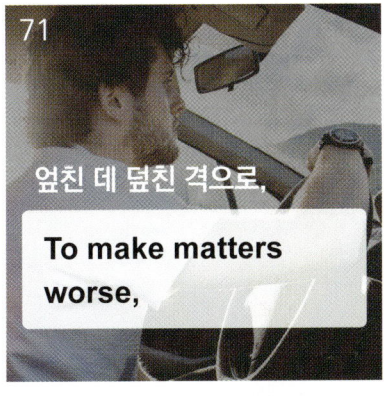

71

엎친 데 덮친 격으로,

To make matters worse,

a. 회화체에서 문장 앞에 자주 등장하는 단골 표현.
  예) To make matters worse, her boyfriend showed up.
    (엎친 데 덮친 격으로, 걔 남친까지 왔어.)

72

그때그때 달라.

It depends.

a. depend (달려 있다) 뒤에 무엇에 달려 있는지 말 안 함으로써 그때그때 다르단 느낌을 주는 표현.

보너스 2 : 영어로 가능한가 싶은 문장 TOP 99   285

a. 직역 : 내 머리수도 세어서 넣어 줘.
   예) 친구들이 공동 구매한다고 할 때

a. 터무니 없는 실수에 어이없어 하며 사용.
b. 스스로의 실수에도 많이 사용.
   예) 안경을 쓰고 30분째 안경을 찾고 있음

a. all-time favorite 뒤에 명사를 넣으면 인생
   (명사)라는 느낌을 줌.
   예) This is my all-time favorite song.
       (이거 내 인생 노래야.)

a. a third wheel : 의도치 않게 커플 사이에 낀 사람
b. 달리는 마차에 세 번째 바퀴가 쓸모 없는 데서 유래.

a. I'm just kidding. (농담하는 거야.)보다 포괄적인데도 국내엔 크게 알려지지 않은 표현.
b. "I'm just messing with you."도 추천.

a. 상대방이 선을 넘으려고 할 때 사용.
   예) 친구가 말 싸움 중 내 가족을 욕함.
        친하지 않은 남자가 과도한 스킨십을 시도함.

a. fall for : ~에 속다
b. trick (속이다)와 lie (거짓말하다)는 알아도 fall for (속다)는 아는 사람이 거의 없음.

a. Whatever you say (네가 뭐라고 말하든) 뒤에 I don't care (난 상관 안 해)가 숨겨진 표현.
b. 비꼬듯 쓸 수도 있고 동의하며 쓸 수도 있음.

a. go easy on : ~를 살살 다루다
  예) Go easy on the new guy.
  (신참 좀 살살 다뤄.)
b. go hard on : ~를 거칠게 다루다

82

여자끼리 일이야.

It's a girl thing.

 팁

a. 여자끼리 하는 수다 등에 남자가 끼려고 할 때 사용.
b. 참고 : It's a man thing. (남자끼리 일이야.)

83

걔 내가 찜했어!

I have dibs on her!

 팁

a. have dibs on : ~를 찜하다
　예) I have dibs on the last slice.
　　(마지막 조각 내가 찜했어.)

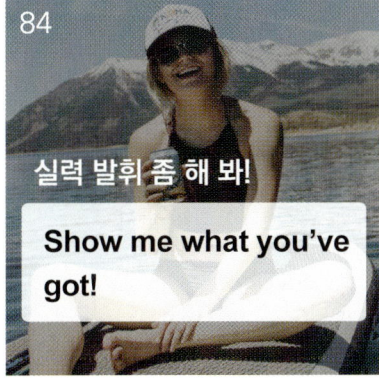

84

실력 발휘 좀 해 봐!

Show me what you've got!

 팁

a. 직역 : 네가 가진 것을 보여 줘.
b. 추가 : Is that all you've got?
　(실력이 그것 밖에 안돼?)

a. 상대방의 싸움이나 도전에 자신 있게 응할 때.
   예) A : You wanna bet? (내기할래?)
       B : Sure! Bring it on!
          (그래! 해보자 그래!)

a. relate to : ~에 공감하다
   예) I can't relate to Julian's story.
       (난 Julian 얘기에 공감이 안돼.)

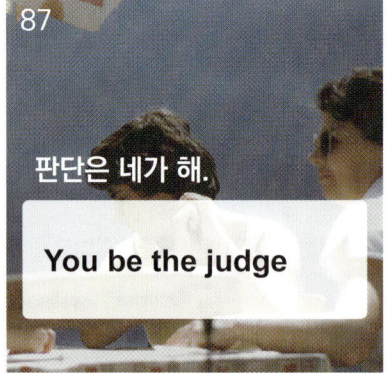

a. "넌 판사가 되어라."가 아님.
   예) 누가 진실을 말하고 있는지 판단해
       보라고 할 때

a. "It's a misunderstanding!" 같이 딱딱한 표현은 이제 그만.

a. 도와주려 해도 상태가 너무 안 좋아서 가망이 없다고 할 때 사용.
예) 소개팅을 아무리 해줘도 승률 0%인 친구에게

a. "어쩔 수 없다."란 느낌의 표현.
예) 세상이 불공평하다고 한탄하는 친구에게

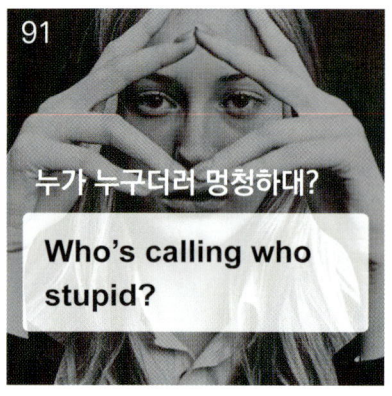

a. Who's calling who + (명사/형용사)?
 = 누가 누구더러 (명사)래? / (형용사)하대?
 예) Who's calling who a traitor?
  (누가 누구더러 배신자래?)

a. 계속해서 승승장구하고 있다는 표현.
 예) 친구가 승진한 당일에 복권 당첨되고
  여자친구 생겼을 때

a. 대개 여자들이 장난처럼 사용하는 말.
 예) 남자 사람 친구가 데이트 한번 하자고
  했을 때

a. 감정을 다스리고 침착하게 행동하란 의미.
   예) 코치가 헛발질하는 선수들에게 호통치며

a. "Give me a break."과 비슷한 표현.
   예) 어제 야근했는데 직장상사가 졸고 있다고 뭐라고 할 때

a. once in a blue moon : 가뭄에 콩 나듯, 심하게 드물게
   예) My son calls me once in a blue moon.
   (내 아들 녀석은 가뭄에 콩 나듯 한번씩 전화해.)

a. lie to someone's face : ~에게 대놓고 거짓말하다
b. 직역 : 넌 내 면전에서 거짓말을 했어.

a. 대답 못하는 상대방을 압박할 때 사용.
예) 의심스런 남자친구를 추궁할 때

a. mess with : ~에게 까불다, 장난치다
b. 직역 : 건들면 안 될 잘못된 사람에게 까불고 있군.

영어 연산 훈련 시리즈 _ 영어로 문장 만들기

박광희·캐나다 교사 영낭훈 연구팀 지음 | 각 권 9,800원 | 정답 및 MP3 파일 다운로드
1. 기본 동사로 문장 만들기 | 2. 시제 완전 정복 | 3. 심화 동사로 문장 만들기 | 4. 수식어로 문장 꾸미기 |
5. 조—부—동—태 완전 정복 | 6. 긴 문장 만들기 | 7. 의문문 만들기

영어 낭독 훈련 실천 다이어리, 영어 암송 훈련 시리즈

박광희·캐나다 교사 영낭훈 연구팀 지음
영어 낭독 훈련 실천 다이어리 | 400쪽(3권 합본) | 18,000원 | MP3 CD 1
영어 암송 훈련 | 1권 14,800원 | 2권 12,600원 | 3권 12,800원 | 논어 채근담 13,800원 |
　　　　　　성경 13,800원 | (MP3 파일 + 플래시 카드 PDF) CD 1장

영어 라이팅 훈련 실천 다이어리, 영어 라이팅 훈련 실천 확장 워크북 시리즈

한일 지음
실천 다이어리 1권 18,000원 | 2권 19,800원 | 3권 22,800원
실천 확장 워크북 1권 15,000원 | 2권 15,500원 | 3권 17,000원
실천 다이어리(MP3 파일 다운로드), 실천 확장 워크북(스피드라이팅북 + MP3 파일 다운로드)

'아는' 영어가 '술술 말하는' 영어로 바뀌는
〈입영작 영어회화〉 시리즈

'아는' 영어에서 '하는' 영어로 바꾸는
어휘·문법 ➡ 손영작 + 입영작 ➡ 스피킹 5단계

1단계 어휘와 문법이 튼튼하면 손영작이 가능하다.
2단계 이것을 반복하면 편하고 빠르게 손영작이 가능하다.
3단계 편하고 빠르게 손영작이 가능하면 입영작이 가능하다.
4단계 입영작을 반복하면 역시 편하고 빠르게 입영작이 가능하다.
5단계 편하고 빠르게 입영작이 가능하면 드디어 진정한 커뮤니케이션이 시작된다.

입영작 영어회화
영어로 잘 물어보기

마스터유진 지음 | 288쪽 | 14,000원 | MP3 파일 다운로드

입영작 영어회화
영어로 잘 대답하기

마스터유진 지음 | 336쪽 | 14,400원 | MP3 파일 다운로드

입영작 영어회화
영어로 더 잘 대답하기

마스터유진 지음 | 288쪽 | 14,200원 | MP3 파일 다운로드

입영작 영어회화
영어로 진짜 길게 말하기

마스터유진 지음 | 252쪽 | 13,800원 | MP3 파일 다운로드